GEO SAISON

IRLAND

DUMONT

Dramatische Bergwelt

Die **Wicklow Mountains** südlich von Dublin mit ihren einsamen Bergseen und Wasserfällen sind nur von wenigen Menschen bewohnt. Die Ruhe bietet einen wundervollen Kontrast zum geschäftigen Treiben der Hauptstadt.

Magische Orte

Die Steinkreuze und verwitterten Grabsteine auf dem Friedhof von **Glendalough** sind Zeugnisse einer längst vergangenen Epoche, einer Zeit, als der christliche Glaube von der Grünen Insel nach Europa getragen wurde.

Wehrhafte Burg

Wuchtig steht die Kalksteinfestung **Ross Castle** am Lough Leane im Killarney National Park. Sie stammt aus dem 15. Jahrhundert und leistete 200 Jahre später gegen Oliver Cromwells britische Truppen lange Widerstand.

»Wilde Schönheit«

Zwischen Lough Corrib und der Atlantikküste, Galway Bay und Killary Harbour erstreckt sich der **Connemara National Park,** eine Landschaft von »wilder Schönheit«, wie Oscar Wilde sie einst nannte.

Ein kleiner Ort mit großer Vergangenheit

Glengarriff in West Cork galt lange Zeit als »Saint-Tropez der Grünen Insel«, war Luftkur- und Bäderort – und ist auch heute noch ein beliebter Urlaubsort mit einer lang gezogenen Straße, drei Hotels und ein paar gemütlichen Pubs.

Wines P.HARRINGTON.
SOUP & SANDWICHES
CRAB
SALMON
CAPPUCCINO

Urgewalt

Die Wogen des Atlantiks peitschen gegen die **Rocky Coast,** die wilde Küste von Kerry. Moose und Sträucher ducken sich in den Windschatten der Felsen, Menschen wagen sich hier kaum her.

Irland

Atlantischer Ozean
Schottland
Giant's Causeway
Coleraine
Derry
Letterkenny
Dungloe
Nordirland
Ballymena
Strabane
Donegal
Omagh
Cookstown
Lough Neagh
Belfast
Nordirland
Portadown
Enniskillen
Sligo
Downpatrick
Monaghan
Newry
Isle of Man
Ballina
Dundalk
Der Westen
Boyle
Bellaghaderreen
Westport
Connemara National Park
Longford
Drogheda
Irische See
Ballinrobe
Lough Ree
Tuam
Navan
Clifden
Lough Corrib
Mullingar
River Shannon
Dublin
Athlone
Dublin
Glenmacnoise
Galway
Tullamore
Newbridge
Wicklow Mountains Nationalpark
Burren National Park
Birr
Cliffs of Moher
River Shannon
Lough Derg
Portlaoise
Wicklow
Glendalough
Nenagh
Ennis
Carlow
Templemore
Arklow
Der Osten
Limerick
Kilkenny
Rock of Cashel
Cashel
Newcastle West
Clonmel
Tralee
Der Süden
Wexford
Waterford
Blackwater
Killarnay
Fermoy
Dungarvan
Carrantuchill
Killarney Nationalpark
Ring of Kerry
Kenmare
Cork
Bantry
Keltische See

Die Grüne Insel im Atlantik

Das Schönste am Wetterbericht im irischen Fernsehprogramm ist die Ankündigung eines Tiefdruckgebiets. Wunderbar gleichmäßig, geradezu beruhigend regnen Tropfen auf eine Landkarte im Umriss der Insel. »Das Wetter wird ganz ordentlich«, verspricht der optimistische Meteorologe, und meistens hat er sogar recht. Denn jedes vom Atlantik heranstürmende Tief huscht über Irland hinweg, ohne von einem Gebirgszug aufgehalten zu werden. Dann scheint wieder die Sonne auf grüne Felder, auf Klippenküsten, auf braun-violette Moore, auf Burgen und auf über 1000 Jahre alte Klosterruinen. Irische Heilige wie St Patrick, Brendan oder Ciarán stehen den Sagengestalten, Riesen und Feen aus der irischen Mythologie nicht nach, jedenfalls nicht, wenn es um fantastische Abenteuer und Wundertaten geht. Auch irische Städte liegen im Trend – wie die wirtschaftliche Lage auch gerade beschaffen sein mag. Dublin, Cork und das inzwischen wieder dynamische Belfast ziehen ein junges Publikum an. Sobald es das Wetter zulässt, verlegt sich das Leben auch hier nach draußen, in Straßencafés und zum Einkaufsbummel. ›Craic‹ heißt das irische Wort für Gastfreundschaft, gute Laune, Humor und Musik. Und von all dem war in Irland selten ein Mangel. Auch wenn sich im Laufe der Jahrhunderte vieles geändert hat – das ist glücklicherweise so geblieben.

◀ Das Wetter hat die Insel im Griff. Noch leuchtet die Landschaft bei Kerry, halten die Wolken dicht. Doch das hält selten lange, dann kann die Szenerie wieder ganz anders aussehen. Carpe diem, kann man da nur raten.

▲ Seit 2005 spannt sich die James-Joyce-Brücke schwungvoll über den River Liffey. Entworfen wurde die elegante Stahlbogenkonstruktion von dem spanischen Architekten Santiago Calatrava.

Dublin

Die von Hügeln begrenzte und an einer weiten Meeresbucht gelegene Hauptstadt Irlands hat sich zu einer dynamischen, modernen Metropole gemausert. Stand die überschaubare *fair city* früher in dem Ruf, Trends mit einigen Dutzend Jahren Verzögerung zu registrieren, so setzt sie heute selbst Impulse. Dabei bilden die reiche Geschichte und Kultur des Landes auch für Avantgarde-Kunst und -Architektur oft einen spannungsreichen Hintergrund und Angelpunkt. Der besondere Charme der jung gebliebenen Stadt zieht mehr Besucher an als je zuvor. Wer nach Dublin reist, spürt Aufbruchstimmung und Dynamik: Die einst geruhsame Innenstadt der Provinzmetropole brummt heute vor Leben. Kein Wunder, ist Dublin doch nicht nur Wirtschafts- und Verwaltungszentrum des Landes: fast ein Drittel der Einwohner der Republik Irland lebt hier oder in unmittelbarer Nähe der Stadt. Ihre offene Atmosphäre zieht alle an, die sich von der Enge ländlicher Konventionen bedrängt fühlen. Fast alle irischen Dichter und Schriftsteller, egal ob Jonathan Swift, Oscar Wilde oder James Joyce, hielten sich zumindest wichtige Jahre ihres Lebens in der Inselhauptstadt auf – und nicht selten auch in ihren Pubs, von denen es heute noch mehr als 850 gibt.

National Botanic Gardens *Dublin*

Aus dem 19. Jahrhundert stammt das riesige, filigrane Gewächshaus **Curvilinear Range** im Botanischen Garten. Das bedeutendste Gebäude der National Botanic Gardens zierte bis in die 1990er-Jahre die 1- bis 5-Pence-Briefmarken.

▲ Im **Custom House** an der Liffey residieren heute Umweltministerium und Kommunalverwaltung. Beim Bau des damaligen Zollamtes gegen Ende des 18. Jahrhunderts war jeder verfügbare Maurer Dublins beschäftigt.

▲ Das **Famine Memorial** am Custom House Quay erinnert an die Große Hungersnot von 1845 bis 1852, die mehr als eine Million Opfer in der irischen Bevölkerung forderte.

▲ Langeweile? Auch nachts ein Fremdwort im Zentrum der irischen Hauptstadt, wo sich im Distrikt **Temple Bar** ein Pub an das andere reiht. Das Viertel ist längst zum Inbegriff des Dubliner Nachtlebens geworden.

pwc

citi

Wie die James-Joyce-Brücke stammt auch die **Samuell Beckett Bridge** vom spanischen Architekten Santiago Calatrava, der sie als Schrägseilbrücke mit einem Pylon plante. Sie erinnert an eine auf der Seite liegende Harfe.

Dublin Docklands – eine Erfolgsgeschichte: Wie in vielen anderen europäischen Metropolen entdeckten euch die irischen Hauptstädter den Reiz von Wohnen und Arbeiten am Wasser, genauer: am Ufer der Liffey.

▲ Die **O'Connell Street,** heute die Haupteinkaufsmeile Dublins, erhielt im 19. Jahrhundert ihr architektonisches Gesicht. Einst war sie ein prachtvoller Boulevard, gesäumt von hochherrschaftlichen Häusern.

▲ Das Parlament der irischen Republik tagt seit 1922 im kuppelbekrönten **Leinster House.** Der vornehme klassizistische Bau aus dem Jahr 1745 diente dem Duke of Leinster als Stadtpalais, bevor die Abgeordneten hier einzogen.

Die Liffey entspringt in der Grafschaft Wicklow und mündet bei Dublin in die Dublin Bay und in die Irische See. Zahlreiche Brücken überspannen den Fluss, unter anderem die beliebte **Ha’penny Bridge.**

▲ Als Paradies für Bücherwürmer erweist sich die alte **Bibliothek des Trinity College,** die größte Bibliothek Irlands. Ihr kostbarster Schatz ist das über 1000 Jahre alte »Book of Kells«, ein illuminierter Prachtband der vier Evangelien.

Eine Institution mit Tradition

Trinity College

Jonathan Swift, Edmund Burke, Bram Stoker, Oscar Wilde und – nicht zu vergessen – Samuel Beckett haben hier akademische Bildung genossen: Das Trinity College, im Jahr 1592 von der englischen Königin Elisabeth I. gegründet, ist Irlands Bildungsadresse Nummer eins.

Lange war die renommierte Hochschule nur Protestanten zugänglich. Und sogar als Irland 1921 seine Unabhängigkeit von Großbritannien erlangte, änderte sich kaum etwas: Das Trinity College war durch und durch protestantisch – die katholische Kirche belegte die protestantische Universität mit einem Bann, der erst im Jahr 1970 aufgehoben wurde. Heute werden hier knapp 14 000 Studenten, davon ein Fünftel aus anderen Ländern, von rund 1500 Hochschullehrern unterrichtet – und Religion spielt keine große Rolle mehr. Das Trinity College belegt in internationalen Rankings stets Spitzenplätze.

Mit dem University College Dublin, mit 20 000 Studenten die größte Universität des Landes, und der Dublin City University befinden sich noch zwei weitere Hochschulen in Dublin.

▲ Eine von Arnaldo Pomodoros **»Sphere within Sphere«-Skulpturen** schmückt das Trinity College. Weitere ›Kugeln‹ des Mailänder Künstlers befinden sich unter anderem im Vatikan.

▲ Der **Campus des Trinity College** ist ein weitläufiges Parkareal, umgeben von klassizistischen Gebäuden wie dem Glockenturm aus dem 19. Jahrhundert.

Was Rang und Namen hat in der irischen und europäischen Kunstgeschichte, hängt in der **Nationalgalerie.** In der Yeats Collection sind die Werke von Irlands wohl bedeutendstem Maler, Jack Butler Yeats (1871–1957), zu sehen.

▲ An der Stelle des **Dublin Castle** befand sich schon im 10. Jahrhundert eine Festung, die von den Normannen erobert wurde. Der runde Record Tower hingegen wurde erst ca. 200 Jahre später erbaut.

▲▲ Die **Christ Church Cathedral** oder Cathedral of the Most Holy Trinity, Kathedrale der heiligsten Dreifaltigkeit, war fast 1000 Jahre lang kirchliches Zentrum Irlands. Heute ist sie Sitz der anglikanischen Diözese von Dublin.

▲ Die knapp 64 Meter lange Krypta aus dem 12. Jahrhundert ist der älteste erhaltene Teil der **Christ Church Cathedral.** Sie erstreckt sich über den gesamten Kirchengrundriss.

Die irischen Missionare haben den Europäern den Weg in die Kirche gewiesen. Bis heute kennzeichnet eine tiefe Religiosität die irische Gesellschaft. Egal, ob alt oder jung – drei Viertel aller Iren sind römisch-katholischen Glaubens.

▲ Die **St Patrick's Cathedral** galt im Gegensatz zur Christ Church Cathedral lange Zeit als Kirche des Volkes. Zweckentfremdet wurde sie unter Cromwell: Als er in Dublin weilte, nutzte er das Kirchenschiff als Stall für seine Pferde.

► An der Stelle der heutigen Kirche soll der hl. Patrick im 5. Jahrhundert frisch Bekehrte getauft haben. Jonathan Swift, langjähriger Dekan der **St Patrick's Cathedral,** ist mit seiner Lebensgefährtin Stella gleich beim Eingang bestattet.

THE STORY OF TRANSPORTING GUINNESS STOUT IS THE STORY OF TRANSPORTATION ITSELF.

◀ In der Dubliner Crane Street ist im ehemaligen Hopfenspeicher der Guinness-Brauerei ein sehenswertes Museum eingerichtet, das **Guinness Storehouse.**

▲ Auch im **Besucherzentrum des Guinness Storehouse** ist die markante massive Eisenkonstruktion aus dem Jahr 1904 als Gestaltungselement in die Innenarchitektur integriert worden.

▲ Klares Wasser rauscht über bemooste Steine, nur Vogelgezwitscher und Blätterascheln stören die Ruhe. Für ihre Abgeschiedenheit ist die **Devil's Glen** in den Wicklow Mountains, einst Zufluchtsort für Rebellen, seit Langem bekannt.

Der Südosten

Die Landschaft im Südosten könnte nicht abwechslungsreicher sein: Buchten und Strände an der Irischen See, fruchtbare Hügel, fischreiche Seen und Flüsse im Naturparadies der Wicklow Mountains. Den kunstreich und naturnah angelegten Gärten verdankt der County Wicklow gar den Beinamen »Garten Irlands« – allen voran sind hier die Anlagen Killruddery House, Russborough House und Avondale House zu nennen. Nicht zuletzt das sonnige Klima macht den Südosten zum Urlaubsziel. Die flache, von langen Sandstränden gesäumte Küste, im Sommer fest in der Hand von Ausflüglern und Urlaubern, bietet sich für Landgänge geradezu an – schließlich wird der sonnenreiche irische Südosten nicht umsonst auch »Irische Riviera« genannt. Frühe Siedler aus der Steinzeit haben rätselhafte Bauten hinterlassen. Die Baumeister der über 5000 Jahre alten steinzeitlichen Ganggräber im grünen Tal des Boyne River setzten ihre Pläne noch mehrere 100 Jahre früher in die Tat um als die Architekten der ägyptischen Pyramiden. Wikinger gründeten Wexford und Waterford als Handelsstützpunkte, später landeten hier Normannen aus England, um Irland zu erobern. In schnellen Feldzügen schlug das Normannenheer die gälischen Kämpfer und errichtete bald auch die in England bewährten steinernen Burgen. Noch heute erinnern etwa die mittelalterlichen Burgen in Kilkenny und Cahir an ihre lange Herrschaft. Knapp 20 Kilometer nördlich vom wuchtigen Normannenfort Cahir Castle erzählt der Rock of Cashel, das Nationalheiligtum der Iren, seine Geschichten. Unvermittelt wächst der Felsblock aus der Ebene empor. Auch ohne Türme wäre der imposante Kalksteinfelsen eine der großartigsten Aussichtspunkte in Irland.

▲ Gestaltete Hochkreuze, wie hier bei **Monasterboice,** illustrieren biblische Erzählungen. Noch nach über 1000 Jahren ist die Kraft des frühen keltischen Christentums in den Klosterruinen zu spüren.

▲ Ein schmaler Gang führt in die 5000 Jahre alte, mächtige Grabanlage von **Newgrange** am Boyne River. Insgesamt 200 000 Tonnen Felsen mussten für die gesamte Anlage bewegt werden – eine gewaltige Anstrengung.

▲ Seit mehr als 100 Jahren kämpfen Vollblüter und Jockeys in sommerlichen Galopprennen am Strand von **Laytown** um Platz und Sieg.

▲ Ganz in der Nähe der Ruinen des einst mächtigen normannischen Trim Castle ragt der **Yellow Steeple** 40 Meter in die Höhe. Der Name des Turms – er ist das letzte Überbleibsel des Augustinerklosters St Mary – rührt daher, dass seine Steinmauern bei Sonnenuntergang gelblich schimmern.

▲ Wie eine Märchenlandschaft, in der es Feen und Trolle gibt, wirkt der Landschaftspark von **Powerscourt Gardens.** Künstlich geschaffene und ›echte‹ Natur gehen hier nahtlos ineinander über.

▲ Den Mittelpunkt von **Powerscourt Estate** bildet das mächtige Herrenhaus, das um 1730 erbaut wurde und heute unter anderem ein Museum und ein wunderbares Schlosscafé beherbergt.

▲ Das Gartenparadies in der irischen Grafschaft Wicklow steht mit seiner beeindruckenden Symmetrie im starken Kontrast zu der Wildheit der es umgebenden Berge.

▲ **Killruddery House** bei Bray am Fuße der Wicklow Mountains gehört bereits seit knapp 400 Jahren den Grafen von Meath. Der Herrensitz verdankt sein elisabethanisches Aussehen seiner Restaurierung im 19. Jahrhundert.

▲ Subtropische Sträucher, Büsche und Bäume gedeihen dank des milden Klimas auch in den **Mount Usher Gardens** in Ashford. Die Parkanlage an den Ufern des River Vartry geht auf Edmond Walpole zurück, der 1868 die ersten exotischen Gewächse in seiner Heimat pflanzte.

▲ Die vielfarbig blühenden Blumen und Sträucher der **Altamont Gardens** bei Tullow zeigen sich wie zufällig besonders schön gewachsene Natur und sind doch das Ergebnis langjähriger gärtnerischer Arbeit, um einen Cottage Garden zu erschaffen.

▲ In den romantischen Gärten mit ihrer zwanglosen Mischung aus Zier- und Nutzpflanzen fühlt man sich in eine ländliche Idylle des 19. Jahrhunderts zurückversetzt.

Glendalough Valley in den Wicklow Mountains ist auch bekannt als »das Tal der zwei Seen« – mit Upper Lake und Lower Lake (im Bild).

▲ Vom einst ausgedehnten Klosterbezirk der früheren Abtei sind etliche steinerne Gebäude erhalten. Mönche und Nonnen lebten in Holzhäusern, die jedoch im Laufe der Zeit Bränden, der Zerstörung oder Verwitterung anheimgefallen sind.

Die bedeutendste frühchristliche Klostersiedlung

Glendalough

Noch nach mehr als 1000 Jahren ist die Kraft des frühen keltischen Christentums in den Klosterruinen von Glendalough in den Wicklow Mountains im Süden Irlands zu spüren. Die Klöster waren damals Mittelpunkt größerer Siedlungen und Zentren der Gelehrsamkeit und Kunst. Mehr noch, ihre Mönche zogen über die Insel, um das Christentum bis in den letzten Winkel zu verkünden, missionierten sogar das nach dem Untergang des Römischen Reiches und mit den Völkerwanderungen in Unruhe geratene Mitteleuropa. Die im 9. Jahrhundert einsetzenden Wikingerüberfälle machten den Klöstern schwer zu schaffen, die Mönche errichteten hohe Rundtürme als Ausguck und zugleich sicheren Zufluchtsort. Als Papst Adrian IV. Irland 1172 dem englischen König Heinrich II. als Lehen gab, spielte auch die Absicht eine Rolle, die ihm zu selbstständigen Klöster stärker hierarchisch einzubinden und ihre Macht zu begrenzen. Als der selbstbewusste britische König Heinrich VII. sich jedoch Mitte des 16. Jahrhunderts von Rom lossagte, begann erneut eine schwierige Zeit. Denn um die Machtbasis der katholischen Kirche ganz zu zerstören, ließ er allein in Irland 400 Klöster schleifen – auch das Kloster von Glendalough. Es blieb allerdings bis ins 19. Jahrhundert ein beliebter Pilgerort. Die Relikte der frühchristlichen Klostersiedlung sind zum Teil sehr gut erhalten und dürften die wohl bedeutendsten ihrer Art sein.

▲ Auf dem Friedhof befinden sich dekorierte Hochkreuze – einige von ihnen sind besonders reich an Verzierungen. Oft zeigen sie szenische Darstellungen von Geschichten aus dem Alten und Neuen Testament.

▲ Die romantische »Schlucht der zwei Seen« bildet die Kulisse für die Überreste der im 6. Jahrhundert gegründeten Klosteranlage **Glendalough,** die in ihrer Blütezeit bis zu 3000 Mönche und Nonnen zählte.

▲ Östlich von Carlow liegt der **Brown's Hill Dolmen,** das gewaltigste Hünengrab der irischen Insel. Der zyklopische Deckstein aus Jungsteinzeit oder Bronzezeit ruht auf drei Tragsteinen und wiegt etwa 100 Tonnen.

▶ Die Zisterzienserabtei **Jerpoint Abbey** bei Thomastown wurde im 12. Jahrhundert gegründet und ist Ausdruck normannischer Frömmigkeit. Sie gehört zu den am besten erhaltenen Klosterruinen Irlands.

▲ Auf dem einsamen Kalksteinfelsen **Rock of Cashel** ließ der legendäre König Corc um 370 n. Chr. eine Festung errichten. Der hl. Patrick soll hier gewirkt haben – später ließen sich die irischen Könige auf dem Hügel krönen.

▲ **Hook Head** – die Halbinsel gab dem Leuchtturm den Namen. Das Leuchtfeuer wurde im 13. Jahrhundert an einer ursprünglich von Mönchen gegründeten Niederlassung errichtet und ist einer der ältesten Leuchttürme der Welt. Er ist seit seiner Gründung ununterbrochen in Betrieb.

▲ **Blarney Castle** ist eine Burg aus dem 15. Jahrhundert und eine irische Ikone: Der Blarney Stone, den Kreuzritter aus dem Heiligen Land mitbrachten, soll demjenigen die Gabe der Beredsamkeit verleihen, der ihn küsst …

Der Süden

Die beiden südlichsten Counties von Irland, Cork und Kerry, gehören zu den beliebtesten Reisezielen auf der Insel. Schon seit mehr als 250 Jahren zieht die Berg- und Buchtenlandschaft des irischen Südens Urlauber an. Die Stadt Cork an der Mündung des River Lee – kulturvolle Metropole des Südens – weist an ihrer Peripherie zahlreiche Industriekomplexe auf, die meist zu internationalen Firmen der Chemie- und Pharmabranche gehören. Die Einwohner Corks gelten als selbstbewusst, vor allem wenn die Rede auf die Rivalin im Norden, Dublin, kommt. Die Ehrung als Europäische Kulturhauptstadt 2005 hat der internationalen, lebendigen Atmosphäre der Stadt Rechnung getragen, mit seinen Pubs, aber auch seinen Cafés und Weinbars, mit dem Opernhaus und dem Filmfestival, der irischen Volksmusik, aber auch anderen Musikströmungen, die wie der Jazz in der Stadt zu Hause sind. Schon an den Küsten um Cork macht sich der milde Einfluss des Golfstroms bemerkbar, noch viel deutlicher aber ist seine Wirkung an der buchtenreichen Südwestküste zu spüren. Killarney mit seinen tief eingeschnittenen Meeresbuchten, Wäldern, Bergen und Seen war schon in viktorianischen Zeiten ein Urlaubsmagnet. Die harmonische Szenerie mit dem Killarney National Park, seinen Gewässern und den dahinter ansteigenden bewaldeten Bergen galt den englischen Romantikern als ideale Landschaft. Attraktionen sind auch die bergigen Halbinseln Dingle, Iveragh, Beara, Sheeps Head und Schull, die wie fünf Finger einer ausgestreckten Hand ins Meer ragen. Hier gedeihen Eichen, Rhododendren, Kräuter, Farne und Schlingpflanzen in einem Maße wie sonst nirgendwo auf der Insel.

▲ Die düstere Atmosphäre des ehemaligen Gefängnisses **City Goal** in Cork mit Geräuscheffekten, Beleuchtung und den Graffiti einstiger Gefangener lässt auch heutige Besucher erschaudern.

▲ Reizvoll sind die kleinen Seitenstraßen der Haupteinkaufsmeile St Patrick's Street im Zentrum von Cork wie die **Cook Street,** fast überwiegend Fußgängerzonen, in denen sich zahlreiche Läden, Pubs und Restaurants finden.

◀ Der 90 Meter hohe Turm der neogotischen St Coleman's Cathedral überragt die umliegenden Häuser von **Cobh,** dem Hafen von Cork. Von hier aus wurden Gefangene nach Australien verschifft und Butter in alle Welt geliefert.

▲ Bei Feinschmeckern gilt **Kinsale** mit seinen engen Gassen und bunten Häuschen als Gourmetmetropole Irlands. Angler und Segler schätzen die Bucht des kleinen Ortes als hervorragendes Revier.

In **Kinsale** südlich von Cork durften früher nur Engländer wohnen – heute heißt der kleine Hafenort Besucher aus aller Welt willkommen. Das Charles Fort aus dem 17. Jahrhundert erinnert an den früheren britischen Marinestützpunkt.

▲ Der auffällige **Baltimore Beacon** ist das Wahrzeichen von West-Cork. Das 1798 am Hafen von Baltimore aufgestellte Leuchtfeuer wird wegen seiner weißen Lackierung spöttisch auch »Salzsäule« oder »Lots Frau« genannt.

▲ Überholen erlaubt! Rund 8 Millionen Schafe soll es auf der Grünen Insel geben. Seit alters her liefern sie Wolle und Fleisch – und benutzen auch gern mal die Straße.

▲ Mediterranes Flair verströmt die subtropische Pflanzenpracht im Park von **Bantry House.** Im Mittelpunkt des großzügigen Anwesens steht das georgianische Herrenhaus aus dem 18. Jahrhundert.

▲ **Garinish Island,** die »Insel der Stechpalmen«, ist für ihre Gärten und den Artenreichtum an Bäumen und Sträuchern bekannt. Kein Wunder, das Eiland liegt in der klimatisch wohl besten Ecke Irlands.

Über den traumhaften Ring of Kerry gelangt man zum Upper Lake im **Killarney National Park,** einem Sehnsuchtsort für romantische Seelen. Wanderwege führen zu alten Eichenwäldern, Wasserfällen und einsamen Seen mit atemberaubenden Ausblicken auf unberührte Bergketten.

▲ Von Glengarriff in der Bantry Bay setzt die Fähre zum **Garinish Island** über, einem »toskanischen Paradies im Norden Europas«. Ab 1910 ließ dessen Besitzer hier vom renommierten Gartenarchitekten Harold Peto eine traumhafte Gartenanlage einrichten.

Allein mit der Natur im **Killarney National Park** – für viele Besucher die wohl schönste Landschaft Irlands. Wanderer erreichen den romantischen Torc Waterfall südlich des Sees Lough Leane von Killarney aus in weniger als zwei Stunden.

▲ **Muckross House** liegt am Rand der Landbrücke zwischen Lough Leane und Muckross Lake im Killarney National Park. Den in elisabethanischem Stil erbauten Landsitz umgibt eine prachtvolle Gartenanlage.

▲ Außen und innen viktorianisch gibt sich **Muckross House** im Killarney National Park. Am stilvollsten erreicht man den früheren Herrensitz aus dem Jahr 1843 mit *jaunting cars,* Pferdekutschen, die hier überall im Einsatz sind.

▲ **Kenmare** ist heute ein lebhaftes, buntes Städtchen, dessen Name übersetzt »das Nestchen« bedeutet. Als eine der ersten irischen Städte entstand es um 1670 im Auftrag von Sir William Petty auf dem Reißbrett.

▶ Das kleine Küstenstädtchen brummt im Sommer, denn **Kenmare** ist bei Urlaubern sehr beliebt – nicht zuletzt als Ausgangspunkt für Reisen auf die Beara-Halbinsel.

the Shamrock
FOLEYS
GUEST
HOUSE
BED & BREAKFAST
CROWLEYS BAR
THE WHITE ROOM
Linen & Lace Interiors
LINEN and LACE
The PURPLE HEATHER
BISTRO

▲ Die exakte Entstehungszeit des mächtigen **Staigue Stone Fort** ist unklar, sein Alter wird auf 2000, vielleicht sogar 3000 Jahre geschätzt. Das Ringfort liegt auf der Iveragh-Halbinsel, um die sich der berühmte Ring of Kerry legt, eine der schönsten Straßen dieser Welt.

▲ Boote pendeln von Portmagee zu den felsigen **Skellig Islands.** Wer die Klosterruinen auf Skellig Michael besichtigen möchte, muss zuvor einen schmalen Treppenweg mit 600 Stufen emporklettern. Auf der benachbarten Insel Little Skelling brüten Tausende von Vögeln – sie darf nicht betreten werden.

Am Ende der Welt scheint **Portmagee** zu liegen – das machten sich früher auch die Schmuggler zunutze und brachten Branntwein, Tee und Tabak am Zoll vorbei auf dem Seeweg illegal ins Land.

▲ Die See ist eisig kalt und oft auch wellengepeitscht. Doch das hält die meist irischen Badegäste nicht ab. Danach kann man am herrlichen Sandstrand von **Slea Head** noch ein bisschen Sonne tanken und auf den Felsen klettern.

▲ Der **English Market** hat eine lange Tradition: Schon vor 400 Jahren wurde ein Markt an dieser Stelle erwähnt. Die jetzige Markthalle – ein architektonisches Juwel – steht seit 1786. Sie wurde nach einem Brand 1980 originalgetreu rekonstruiert.

Frisch und immer gut

English Market in Cork

Der English Markt hat alle Hungersnöte, Revolutionen, Feuer und Wirtschaftskrisen überstanden. Heute zeigt er, was Irlands Landwirtschaft und seine Küche ausmacht. Auch hier geht der Trend zu organisch erzeugten Produkten.

In den Auslagen von O'Flynns Gourmet Sausages türmen sich die Würstchen. Das grobe Blackwater-Würstchen aus Schweinefleisch mit Apfelstückchen von den Plantagen am Blackwater River schmeckt herzhaft und gut. Das Cork-Boi-Würstchen wird mit Murphys-Stout-Bier, frischen Zwiebeln und Thymian zubereitet. Den Stand von Michael Bresnans & Sons gibt es sogar schon seit 1898, auch hier stammt das meiste Fleisch von Höfen aus der Umgebung.

Und erst das Fischangebot! Bei Kay O'Connell's können einem die Augen übergehen: Steinbutt, Lachs, Heilbutt, mehrere Seezungenarten, Schwertfisch, dazu Muscheln, Langusten, Krebse und Hummer. Kay gründete das Fischgeschäft 1964, jetzt betreiben es ihre beiden Söhne.

Der etwas verwunderliche Name – eigentlich würde Irish Market ja besser passen – ist einem historischen Umstand geschuldet: Unter der britischen Kolonialherrschaft durften die Markthändler nämlich nur dann ihre Stände aufbauen, wenn sie die englische Sprache beherrschten und die Ware auch in Englisch auszeichneten.

▲ Die Delikatessen stammen aus aller Herren Länder – und von den Farmen aus der unmittelbaren Umgebung. Damals wie heute findet man auf dem Markt vor allem Zutaten für die klassisch irische Küche.

▲ Fisch und Schalentiere aus der Irischen See und dem Atlantik kommen superfrisch in die Auslagen. Das Angebot ist üppig und äußerst vielversprechend.

▲ Westlich von hier liegt nur noch Nordamerika: Die **Cliffs of Moher** bei Ennis ragen beeindruckende 223 Meter über dem Meeresspiegel des Atlantischen Ozeans senkrecht in die Höhe.

Der Westen

Die Wogen des Atlantiks donnern gegen die Felsen der zerklüfteten Westküste. Steinwälle und Hecken sollen die Krume der schmalen Felder vor dem ständig wehenden Wind schützen. Mitte des 17. Jahrhunderts vertrieb Cromwell viele Iren an den westlichen Rand der Insel – an der schroffen Atlantikküste war das Klima rau und der Boden so steinig und karg, dass er die englischen Eroberer nicht interessierte. Mehr als anderswo wird der Reisende in den westlichen Grafschaften mit der gälischen Sprache konfrontiert, offiziell Irlands erster Amtssprache. In der Abgeschiedenheit des irischen Westens hat sich das kulturelle Erbe länger bewahren können. Schier endlose Torfmoore breiten sich fast bis zum Meer aus. Wo das Moor nicht als einzigartige Landschaft unter Naturschutz steht, wird es wie schon seit mehreren hundert Jahren kommerziell ausgebeutet. Inbegriff des Westens ist Connemara, ein melancholischer Landstrich von berauschender Wildheit, mit bizarr geformten Bergen und zahlreichen Seen. Eine ganz eigene Atmosphäre erwartet den Besucher auf den Aran Islands. Die drei abgeschiedenen Inseln vor der Westküste bilden immer noch eine Welt für sich. Archäologische Fundstätten, etwa auf den Aran-Inseln, im County Clare mit den Poulnabrone Dolmen oder bei den Céide Fields von Mayo, belegen die Besiedlung der kargen Landstriche schon in vorgeschichtlicher Zeit und geben gleichzeitig Rätsel auf. Dazwischen setzt das Treiben von Hafenstädten wie Galway, Sligo oder Donegal lebhafte Kontrapunkte.

▲ Der vormalige Burghof von **Quin Abbey** wurde zu einem Kreuzgang umgestaltet, die Klosterkirche – die Anlage war nie eine Abtei – im südlichen Teil der ehemaligen Burg mit Langhaus, Chor, Vierungsturm und einem südlichen Querhaus errichtet.

◀ Die seit Jahrzehnten verfallenen Ruinen der **Quin Abbey** südöstlich von Ennis sind 500 Jahre alt. Ihr Fundament bilden die Überreste einer Normannenburg aus dem 13. Jahrhundert.

▲ Grüße aus der Frühzeit: Wie ein riesiger Tisch erhebt sich der **Dolmen von Poulnabrone** mit seinem mächtigen Deckstein aus der kargen Landschaft des Burren, einem in Europa einzigartigen Karst.

▲ Farm bei Doolin in der kargen Landschaft des **Burren** südlich von Galway. Auch in dieser Ecke trifft man auf die typischen Steinmauern, die die Wiesen voneinander abtrennen.

Der **Burren** ist ein steiniger Ort: Seine karge hellgraue Kalksteinwüste breitet sich über beeindruckende 250 Quadratkilometer aus. Auch die felsige Küste der Urlandschaft wirkt unwirtlich und leer.

▲ Curragh, das traditionelle Ruderboot der Fischer, findet man auch heute noch auf den **Aran Islands** in der Galway Bay. Die drei abgeschiedenen Inseln vor der Westküste bilden noch immer eine Welt für sich.

◀ Steinwälle wie hier auf der kleinsten der Aran-Inseln, **Inisheer,** wurden über die Jahrhunderte aufgetürmt, um Mensch und Land gegen den Wind und die Bodenerosion zu schützen.

Die Wogen des Atlantischen Ozeans peitschen ungebremst gegen die Felsenklippen der **Aran Islands** – ein ebenso fantastisches wie gefahrvolles Naturspektakel. Schon so manches Schiff ist an diesen Felsen zerschellt.

▲ **Inishmaan** gehört zu den Aran-Inseln in der Bucht von Galway. Hier herrscht nach wie vor ein ruhiger Lebensrhythmus. Untereinander sprechen die rund 150 Bewohner Gälisch.

▲ Direkt an den steilen Klippenrand der Aran-Insel Inishmore gebaut wurde das eisenzeitliche Fort **Dún Aonghasa,** eine riesige, aus mehreren Wällen bestehende Verteidigungsanlage.

▲ Das steinerne Fort **Dún Aonghasa** ist mehr als 2500 Jahre alt und eine der spektakulärsten Sehenswürdigkeiten Irlands. Die schönste Zeit, um die Anlage zu besuchen, ist der frühe Abend, wenn die Sonne Mauern und Klippen in goldenes Licht taucht.

Pottery

◀ Die Hafenstadt **Galway** hat sich zur Kulturmetropole der Westküste entwickelt – was nicht zuletzt den zahlreichen Studenten geschuldet ist. Die mittelalterliche Altstadt lockt zu einem Bummel.

▲ Im gemütlichen Pub-Restaurant **The Quays** steht neben gezapftem Bier auch frischer Fisch auf der Karte. In der oberen Etage heizen Musikgruppen den Gästen ein. Überhaupt ist Galway eine fröhliche Stadt mit viel Musik.

Schon seit 1200 Jahren wechseln Pferde auf dem **Viehmarkt von Ballinasloe** den Besitzer. Im Oktober jeden Jahres kommen über 80 000 Käufer und Schaulustige in das kleine Dorf östlich von Galway.

▲ Ein Märchenschloss? Nein, **Kylemore Abbey** am gleichnamigen See. Erbaut wurde die neugotische, traumhaft gelegene Anlage im 19. Jahrhundert – als Landsitz für einen reichen Kaufmann.

▲ Mit zahllosen Wasserläufen, Seen und Teichen gehört **Connemara** zu den ursprünglichsten Gebieten der Insel. Schnell treiben die Wolken vom Atlantik über das Land hinweg und erzeugen so wechselnde Lichtstimmungen.

▲ In der kargen Landschaft um den **Lough Pass** wird Torf gestochen. Um die Mitte des 19. Jahrhunderts starben hier viele Bauern an Hunger, weil ihre Kartoffelernte Schädlingen zum Opfer gefallen war.

▲ Das **Donegal Castle** gehörte lange Zeit dem O'Donnell Clan. Später ging es in englischen Besitz über. Es präsentiert sich heute in den Stilen mehrerer Epochen.

Die **Slieve League** im Nordwesten Irlands sind mit 609 Metern die höchsten Seeklippen Europas. Sie bilden einen atemberaubenden Anblick. Hinauf geht es mit dem Auto in Haarnadelkurven steil nach oben und dann ungesichert am Rande der Klippen weiter ...

▲ Am Ufer des Shannon grüßt ein Kreuz der frühchristlichen Klostersiedlung **Clonmacnoise** die Schiffsbesatzungen. Sie war einst die bedeutendste Anlage ihrer Zeit und bildet die geografische Mitte Irlands.

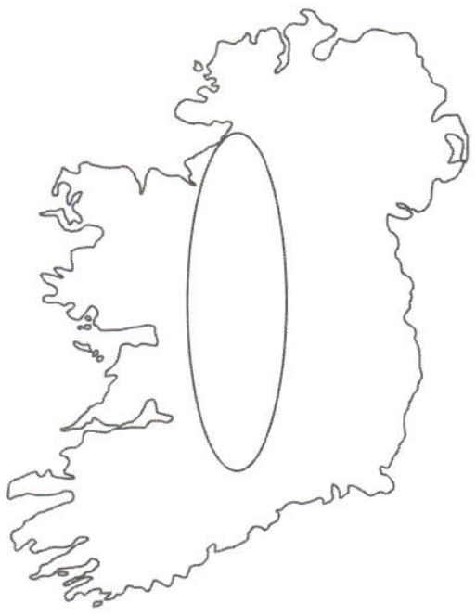

Am River Shannon

Der Shannon ist mit 386 Kilometern der längste Fluss Irlands. Nach einer gemächlichen Reise von seiner Quelle am Fuße des Cuilcagh Mountain an der Grenze zu Nordirland mäandert er bis zum 80 Kilometer langen Mündungstrichter in den Atlantik. Mit seiner geringen Strömung, den grünen Landschaften, einer Fülle von Sehenswürdigkeiten nahe der Ufer, besten Fanggründen und der unkomplizierten Navigation ist der Shannon einer der beliebtesten Flüsse für Hausbootferien in Europa. Auf ihrem Weg zum Meer verweilen seine Wasser immer wieder in buchtenreichen Seen. Schilf, Weiden und bewaldete Landzungen säumen die Ufer. Der Fluss führt vorbei an Burgen und Klosterruinen, an kleinen Dörfern und Provinzstädtchen bis nach Limerick, der viertgrößten Stadt der Grünen Insel. Viele Boote starten hier bzw. in Killaloe nordwestlich von Limerick und kreuzen auf dem fast 40 Kilometer langen, binnenseeähnlichen Lough Derg – ideal für Freizeitkapitäne. Wer hier seine Angel ins Wasser hängt, hat gute Chancen, einen Hecht oder Barsch zum Abendessen an Bord zu ziehen. Auf dem offenen Lough Ree ist das Wetter schon viel deutlicher zu spüren. In einer weit ausholenden Schleife nähert man sich nun dem leicht erhöht liegenden Klosterbezirk Clonmacnoise. Am Ufer sind immer Boote vertäut, deren Besatzungen sich den Besuch des 1500 Jahre alten Heiligtums nicht entgehen lassen wollen. Nördlich des Lough Ree geht es dann wieder geruhsamer weiter. Wer mag, kann über den historischen Lough-Erne Waterway bis zu den Insellabyrinthen der Erne-Seen in Nordirland vorstoßen.

▲ Dem **Shannon**-Tourismus sei dank: Manche Orte direkt am Fluss haben sich zu kleinen Juwelen gemausert und ordentlich herausgeputzt – sie können durchaus mit den lebhaften Städtchen im Westen konkurrieren.

▲ Die Ruine der Klosteranlage **Clonmacnoise,** die der hl. Ciarán 548 n. Chr. gegründet hatte, ist bis heute Wallfahrtsstätte und eine der schönsten Sehenswürdigkeiten des mittelalterlichen Irlands.

▲ Das Grab des hl. Ciarán zog sehr bald Pilger an, die gute Lage begünstigte außerdem den Handel. Später wurde das Kloster ein bedeutendes Handwerks- und Bildungszentrum in Irland.

Martin her Sons

▲ Im Park des **Birr Castle Demesne** östlich von Portumna wachsen mehr als 2000 Pflanzenarten aus den unterschiedlichsten Ländern. Seine zwölf Meter hohe Buchsbaumhecke soll die mächtigste der Welt sein.

◀ Das Kloster **Clonfert** wurde um 560 von dem irischen Heiligen Brendan gegründet, auf dessen Initiative auch zahlreiche andere Klöster in Irland zurückgehen. Seine letzte Ruhestätte fand Brendan auf dem Friedhof von Clonfert.

▲ Der Shannon verbreitet sich wegen seines geringen Gefälles und des flachen Landes zu mehreren Seen, deren größter der **Lough Derg** ist. Der See ist ein bekanntes Angelrevier mit Rotwild in den Uferwäldern.

▲ Saftige Schafweiden am River Shannon: Etwa 8 Millionen Schafe grasen, wenn alle Lämmer geboren sind, auf der Grünen Insel – das sind deutlich mehr als Menschen, die hier leben. Doch die Zahlen sinken – nicht zuletzt wegen der gewaltigen Schäden für die Umwelt durch Überweidung.

King John's Castle in Limerick *Am River Shannon*

Normannische Herrschaft: König Johann ließ 1210 diese mächtige Festung mit fünf Rundtürmen direkt am Shannon errichten. Im Sommer beleben heute Darsteller mit mittelalterlichem Burgleben den Innenhof des **King John's Castle** in Limerick.

▲ Mit bunten Blumengärten vor betagten Reetdachkaten und zwei dekorativen Kirchlein wirkt **Adare,** südlich von Limerick, wie eine pittoreske Idylle.

▲ Das **Adare Manor,** Herrenhaus des Earl of Dunraven aus dem 19. Jahrhundert, firmiert heute als Luxushotel unter dem Namen Adare Manor Hotel & Golf Resort.

▲ Denn sie wissen nicht was sie tun – den weidenden Kühen ist es einerlei, wo sie grasen, und sei es vor der Kulisse des **Grange Stone Circle,** mit 113 Steinen und einem Durchmesser von 48 Metern der größte Steinkreis Irlands.

▲ Belfasts berühmtestes Pub: Im **Crown Liquor Saloon** wird seit 1885 ausgeschenkt. Genießen Sie hier eines der sahnigsten Guinness-Biere Irlands und dazu ein Dutzend Strangford-Austern ...

Nordirland

Wer durch die anmutigen Täler der Glens of Antrim fährt oder die spektakuläre Küste des Giant's Causeway erwandert, wer auf der mittelalterlichen Stadtmauer von Derry einen Spaziergang unternimmt oder beim Schaufensterbummel in Belfast in einem schicken Café einkehrt, mag nicht glauben, dass dies der Landstrich ist, über den lange nur von gewalttätigen Demonstrationen, Bombenanschlägen und Militäraufmärschen berichtet wurde. Nicht alle Widersprüche sind beseitigt, doch das Tor zum friedlichen Zusammenleben ist wieder offen. Mehr als 3000 Menschen ließen ihr Leben, bevor in den 1990er-Jahren der Friedensprozess begann. Heute scheint die Zeit des Bürgerkriegs vorbei, ist die Grenze zur Republik Irland offen, herrscht in Belfast und Derra Aufbruchstimmung. Der Norden Irlands, die sechs zu Großbritannien gehörenden Grafschaften der Provinzen Ulster, stehen den Naturszenarien und markanten Kulturzeugnissen des republikanischen Irlands im Süden in nichts nach. Die zum Meer abfallende, sanfte Berglandschaft der Mountains of Mourne im Osten, die anmutigen Täler der Glens of Antrims nördlich davon, daran anschließend die Küste des Giant's Causeway. Im Süden verspricht die Seenlandschaft am Erne River Wassersportlern und Freizeitkapitänen großes Vergnügen. Dazwischen bezaubern pittoreske Dörfer und Städte mit viktorianischer Architektur wie Belfast oder Portsteward, normannische Burgen wie Carrickfergus Castle, Herrenhäuser oder die erhaltene mittelalterliche Stadtmauer von Derry die Besucher.

▲ Das **Victoria Square Shopping Centre** mit seiner beeindruckenden Glaskuppel mit einem Durchmesser von 35 Metern gewährt einen spektakulären 360-Grad-Blick über Belfast.

▲ 2012 wurde das **Titanic Museum** in Belfast auf dem Gelände der früheren Werft Harland & Wolff eröffnet. Der 116 Millionen teure Prestigebau bildet das Zentrum eines neuen Stadtviertels, des Titanic Quarter.

▲ Die **Royal Avenue** mit der City Hall ist seit ihrer Entstehung 1881 die Haupteinkaufsstraße von Belfast. 1972 nahm die britische Armee das hier gelegene Grand Central Hotel als militärische Basis ein, um während der ›Troubles‹ im Stadtzentrum patrouillieren zu können.

◀ Das Äußere der **City Hall,** des Rathauses von Belfast, zeigt sich als viktorianisch überladener Bau aus dem Jahr 1906 – ein Zeichen der Prosperität. Mit seiner kupfergedeckten Kuppel erinnert es an das Kapitol in Washington D. C.

▲ Prunkvoll ausgestattet ist das Innere der **City Hall,** hier das dekorative Treppenhaus. Feinster italienischer Marmor, Fresken, Kronleuchter und Buntglasfenster lassen erahnen, wie viel Geld hier einst investiert wurde.

Oxford als Vorbild: Die Mitte des 19. Jahrhunderts als Queen's College gegründete Hochschule, heute **Queen's University,** besuchen jährlich rund 25 000 Studierende. Der englische Architekt Layton, der das Hauptgebäude entwarf, nahm sich das Magdalen College in Oxford zum Vorbild.

▲ Anlässlich seiner Hochzeit 2011 ernannte Elisabeth II. ihren Enkel William unter anderem zum Baron von Carrickfergus, womit dem Ort eine königliche Gunst erwiesen wurde, die auch irische Politiker begrüßten.

▲ Im Mittelalter waren die Kämpfe zwischen Iren und Normannen blutiger Ernst, heute werden sie in Burgen wie **Carrickfergus Castle** für Zuschauer inszeniert.

Fußweg der Riesen … Die zahlreichen Basaltsäulen des **Giant's Causeway** erscheinen wie das gigantische, beeindruckende Werk eines Bildhauers. Von den meisten sieht man nur die Oberfläche, andere ragen bis zu zwölf Meter empor.

Vulkanische Aktivität vor 55 Millionen Jahren erschuf die 40 000 fünfeckigen Basaltsäulen: Der **Giant's Causeway** gehört zu den Naturwundern Nordirlands.

▲ Mit gut elf Kilometern Länge ist der beliebte **Benone Beach** zwischen Castlerock und der Halbinsel Magilligan an der Nordküste von Nordirland einer der längsten Strände der Grünen Insel.

▲ Gemeinsam mit Portstewart und Coleraine bildet **Portrush** das sogenannte Triangle – und ist dabei der Touristenmagnet der drei Ortschaften. Es liegt günstig für Ausflüge zu einigen der größten Touristenattraktionen Nordirlands, unter anderem dem Giant's Causeway.

▲ Nur Schwindelfreie können in den Sommermonaten zwischen Ballycastle und Ballintoy eine unbewohnte Felseninsel über die schmale **Carrick-a-Rede-Hängebrücke** erreichen. Sie führt in 30 Metern Höhe über eine 20 Meter breite Meerenge.

Traumstraße des Nordens

Antrim Coast Road

Die Irische See und der Atlantik treffen beim Örtchen Ballycastle aufeinander, einer kleinen Marktstadt mit hübschem Hafen, Sandstrand und einer großartigen Umgebung. Nur knapp 100 Menschen, aber Tausende von Seevögeln und Robben leben auf der sechs Kilometer langen Insel Rathlin Island, die eine Fähre mit Ballycastle auf dem Festland verbindet. Erschlossen wurde die Küste zwischen Larne bei Belfast und Portrush im Westen erst im 19. Jahrhundert (1823–1842) durch die 70 Kilometer lange und kurvenreiche Antrim Coast Road, die die zuvor nahezu unzugänglichen Täler im Nordosten erschließen sollte. Sie bietet spektakuläre Landschaftspanoramen – immer mit Sicht auf die Irische See und bei schönem Wetter bis hinüber nach Schottland. Die Straße gibt den Ausblick auf die Ausläufer der gebirgigen Glens of Antrim, eine Steilküste mit atemberaubenden Klippen und imposanten Basaltsäulen, auf vorgelagerte Wikingerinseln und pittoreske Dörfer frei. Neun Täler, sogenannte Glens, durch-

▲ Mit ihren Klippen, Stränden und Buchten, mit felsigen Halbinseln und vorgelagerten Eilanden ist die **Antrim Coast** nördlich von Belfast besonders reizvoll.

ziehen die einsame Landschaft der Glens of Antrim bis zur Küste. Die beiden nördlichsten Täler, Glentaisie und Glenshesk, sind recht unspektakulär und erstrecken sich von Ballycastle aus ins Hinterland. Glendun ist von steilen Hängen umgeben, Glencorp ein kurzes Quertal, dem die Sage vorauseilt, hier träfen sich die Feen am 30. April zur Walpurgisnacht. In Glenaan, dem Tal des Huflattichs, blühen im Sommer vor allem Fuchsien ... Unscheinbar und baumlos präsentiert sich dem Besucher Glenballyeamon. Vorgelagert an der Küste liegt Cushendall, die heimliche Hauptstadt der Glens und ihr mit Abstand hübschester Ort. Als anmutigstes Tal gilt Glengarriff mit seinen sprudelnden Bächen und Wäldern, das zu Recht den Beinamen »Königin der Glens« trägt. Glencoy ist kürzer und breiter als das letzte Tal, Glenarm, das mit seinen sanften ›Rundungen‹ und den Laubwäldern das lieblichste der Glens sein soll. Das Hafenstädtchen Larne im Süden der Antrim Coast Road ist der End- bzw. Ausgangspunkt der Traumstraße im Norden der Grünen Insel, die die schmale und unsichere Passstraße ersetzte, die bis Mitte des 19. Jahrhunderts die Gehöfte und Siedlungen der Antrim Coast mit der Umwelt verbunden hatte. Die jahrhundertelange Abgeschiedenheit der Region sorgte dafür, dass sich das Irisch-Gälische – Kultur und Sprache – hier länger erhalten konnte als im Rest des protestantisch dominierten Nordostens Irlands.

▲ Am Straßenrand der **Antrim Coast Road** tauchen immer wieder verfallene Häuser und Ruinen früherer Herrensitze oder Klöster aus dem Nebel auf.

▲ Eine vor gut 100 Jahren errichtete Mauer aus Granitsteinen – der **Mourne Wall** – umgibt ein Schutzgebiet für Trinkwasser in den Mourne Mountains.

▲ Die weit geschwungene **Whitepark Bay** wird durch ihre Steilküste vor dem Wind geschützt. Steinzeitliche Ganggräber erinnern den Besucher an die frühe Besiedlung vor mehreren tausend Jahren.

Derry, offiziell Londonderry, ist mit etwa 85 000 Einwohnern die zweitgrößte und wohl schönste Stadt Nordirlands. Die Altstadt mit der 1,5 Kilometer langen und bis zu 8 Meter hohen, begehbaren Stadtmauer stammt aus dem 17. Jahrhundert und gilt als besterhaltene in Großbritannien und in Irland.

GUINNESS
SRAID LIAM
WILLIAM ST.
TRACY'S BAR

▲ Blick vom Mount Errigal auf den **Glenveagh National Park.** Das »Tal des Lebens«, so die Übersetzung seines Namens, ist der größte von sechs Nationalparks in Irland. Er beherbergt eine der größten Rotwildherden des Landes.

Irland auf einen Blick

Dublin

Bank of Ireland
Der klassizistische Bau in der Westmoreland Street wurde von 1729 bis 1739 als Sitz des irischen Parlaments errichtet. Nachdem dieses 1802 aufgelöst wurde, erwarb die Nationalbank das Gebäude.

City Hall
Die City Hall hat eine turbulente Geschichte hinter sich. So diente sie als Börse, Kaserne und als Verlies. Noch immer kann man zahlreiche Einschusslöcher vom Aufstand des Jahres 1916 erkennen.

Christ Church Cathedral
Der normannische Bau aus dem 13. Jahrhundert wurde im 19. Jahrhundert im neugotischen Stil erneuert.

Custom House
Das imposante georgianische Custom House, einst Hauptzollamt, erstreckt sich mit einer von Arkaden und Säulen geschmückten Front am Liffey River.

Dublin Castle
Der älteste Teil des Schlosses reicht bis ins 13. Jahrhundert zurück. Anbauten stammen aus dem 17. bis 19. Jahrhundert. Inzwischen dienen große Teile der Anlage für Staatsempfänge und Konferenzen.

Dublin Spire
In der O'Connell Street ragt die Stahlnadel Dublin Spire als Monument of Light 120 m in die Höhe, genau dort, wo 1966 ein IRA-Kommando ein Denkmal Admiral Nelsons in die Luft gesprengt hatte.

Four Courts
Diese im 18. Jahrhundert errichteten Gerichtsgebäude an der Liffey beeindrucken mit ihrer imposanten neoklassizistischen Fassade, die mit Säulen geschmückt ist.

General Post Office
Die O'Connell Street dominiert das georgianische General Post Office (1818). Ein kleines Museum erinnert an den Osteraufstand von 1916, als die Aufständischen sich im Hauptpostamt verschanzt hatten.

Guinness Brewery
Die Brauerei breitet sich beiderseits der St James's Street aus. In der ehemaligen Fermentierfabrik informiert eine Ausstellung über die Geschichte des Bieres. Oben im Gebäude erwartet die Besucher ein kostenloser Guinness-Ausschank mit Panoramablick über die Stadt.

Ha'penny Bridge
Die schmale gusseiserne Brücke aus dem Jahr 1816 überquert den Fluss zum Stadtteil Temple Bar.

Hugh Lane Gallery & Dublin Writers Museum
Die Galerie am Parnell Square ist interessant wegen der gut vertretenen Impressionisten und der modernen irischen Kunst. Gleich daneben im **Dublin Writers Museum** werden die Schriftsteller Irlands mit einer umfangreichen Ausstellung geehrt.

Kilmainham Gaol
Hier wurden von 1796 bis zur Schließung 1924 neben Kriminellen auch viele irische Freiheitskämpfer eingekerkert und hingerichtet.

Leinster House
Im 1745 erbauten Leinster House haben beide Kammern des heutigen irischen Parlaments ihren Sitz.

Merrion Square
Die Häuser rund um diesen Platz gelten als Musterbeispiel für den schlichten georgianischen Baustil des 18. Jahrhunderts, mit farbigen Türen und schmiedeeisernen Balkonen als Fassadenschmuck. Eine lebensgroße Figur des Dramatikers Oscar Wilde (1854–1900), im House No. 1 aufgewachsen, räkelt sich auf einem Felsen beim Nordwesteingang des Parks.

National Gallery
Die 1864 eröffnete Nationalgalerie zeigt Werke europäischer Künstler von El Greco bis Caravaggio. Exponate zur irischen Malerei gruppieren sich um eine Werkschau Jack Butler Yeats, Bruder des Dichters William Butler Yeats.

National Museum – Archeology
Hier sind Irlands Kunstschätze aus fünf Jahrtausenden ausgestellt, unter anderem prähistorisches Gold, mittelalterliche Meisterwerke und Moorleichen.

Old Jameson Distillery
In den früheren Produktionsgebäuden der Old Jameson Distillery wird heute eine Tour zu den Geheimnissen der Whiskeyherstellung angeboten.

St Patrick's Cathedral
St Patrick's Cathedral lag bei ihrer Gründung 1192 außerhalb der Stadtmauern. Auch diese Kirche wurde im 19. Jahrhundert gründlich renoviert. Das Innere des mit 93 m längsten Gotteshauses Irlands zeigt sich im frühgotischen Stil.

Trinity College
Die traditionsreichste Universität Irlands lohnt wegen der **Old Library** (1732) und der Ausstellung des Book of Kells.

Der Südosten

Drogheda
Die einstige Wikingersiedlung und spätere Brücke der Anglo-Normannen dient als Tor zum Boyne Valley. Hier konzentrieren sich bedeutende Zeugnisse der irischen Geschichte.

► *Sehenswert* In der neugotischen **St Peter's Church** (Weststreet) wird der einbalsamierte Kopf des hl. Oliver Plunkett ausgestellt, der 1681 von Protestanten hingerichtet wurde. Das mächtige **St Lawrence's Gate** ist als einziges mittelalterliches Normannentor erhalten.

Umgebung von Drogheda
Die Klosteranlage **Monasterboice** aus dem 6. Jahrhundert existierte 600 Jahre lang. Der 33,50 m hohe Rundturm des Ruinenkomplexes ist einer der höchsten Irlands, zwei der Hochkreuze, das 5,40 m hohe Muiredach-Kreuz und das 6,50 m hohe Westkreuz, gehören zu den schönsten der Insel. Sie sind über 1000 Jahre alt. Auf eine uralte, kaum bekannte Kultur gehen die Grabhügel im Boyne-Tal zurück. Der riesige, von Gras bedeckte Erdhügel von **Newgrange** ist von einer weißen Quarzsteinmauer eingefasst. Die innere Passage des über 5000 Jahre alten Ganggrabes misst 19 m und kann nur im Rahmen einer Führung besichtigt werden. Ein Ring von freistehenden Megalithsteinen umgibt die Anlage.

Der nahe liegende Grabhügel **Knowth** ist noch einmal 500 Jahre älter als Newgrange. 17 Satellitengräber umgeben zwei Hauptgräber. Die Ausgrabungen in Knowth dauern noch an, sie haben bislang große Schätze neolithischer Kunst ans Tageslicht gebracht (www.heritage ireland.ie).

Vier identische georgianische Häuser stehen sich im Ortszentrum von **Slane** gegenüber. Sie sollen für vier Schwestern gebaut worden sein, die sich spinnefeind geworden waren. **Slane Castle** wurde 1785 erbaut und kann besichtigt werden (www.slanecastle.ie). Die Parkanlage von Slane Castle ist bekannt für ihre sommerlichen Rockkonzerte. Auf dem nahen **Hill of Slane** soll der hl. Patrick 433 ein weithin sichtbares Osterfeuer entzündet haben, um den Sieg des Christentums in Irland zu verkünden.

Das heute im Trinity College von Dublin ausgestellte »Book of Kells«, eine kostbar ausgeschmückte Handschrift der vier Evangelien, wurde in **Kells** (35 km westl.) vor ca. 1200 Jahren von den Mönchen des Klosters geschrieben. Von diesem sind drei Hochkreuze, ein Rundturm und der etwa 1000 Jahre alte Andachtsraum St Columba's House erhalten.

Enniskerry
Der pittoreske Ort mit 1250 Einwohnern war immer eng mit dem **Powerscourt Estate** verbunden. Heute bildet er den idealen Ausgangspunkt zur Besichtigung von Schloss und Gärten.

► *Sehenswert* Das **Powerscourt House** wurde 1740 von Richard Cassels in palladianischem Stil für Richard Wingfield, den Viscount of Powerscourt, erbaut. Die 20 ha großen **Gartenanlagen** vor dem Hintergrund des Sugarloaf Mountain gelten als eine der schönsten Europas. Das Schloss brannte 1974 völlig aus. Große Teile sind inzwischen restauriert. Das Erdgeschoss beherbergt neben einer Ausstellung einige exklusive Geschäfte, ein Restaurant und ein Café. Der Powerscourt-Wasserfall 5 km südlich ist der höchste der Insel, hier stürzen die Wasser des Dargle in Kaskaden 100 m hinab (www.powerscourt.ie).

Freilichtmuseum Wexford

Umgebung von Enniskerry
Glendalough, die romantische ›Schlucht der zwei Seen‹, irisch »Gleann Dá Locha«, liegt im Herzen des Wicklow Mountains National Park. Sie bildet die Kulisse für die Überreste einer historischen Klosteranlage an zwei klaren Seen am Fuße der Klippen des Gletschertals. Das im 6. Jahrhundert vom hl. Kevin als Einsiedelei gegründete Kloster wurde im Mittelalter zu einem geistigen Zentrum und Wallfahrtsort. Wikingerüberfälle und schließlich die Zerstörung durch englische Truppen brachten seine Aktivitäten Mitte des 16. Jahrhunderts zum Erliegen. Später wurden einige Gebäude teilweise restauriert. Zu besichtigen sind Reste der Klause, Steinkreuze und mehrere Gotteshäuser aus der Zeit zwischen dem 9. und 11. Jahrhundert (www.glendalough.ie).

Die Gartenanlage des neuelisabethanischen **Killruddery House** nahe Bray mit seiner wunderbar restaurierten Orangerie (dem Crystal Palace in London nachempfunden) gehört zu den schönsten Irlands.

Kildare
Die grünen Weiden der hügeligen und bewaldeten Landschaft rund um Kildare bei Newbridge sind Irlands Pferdehochburg. Das irische Zentrum für Pferdezucht besteht schon seit mehr als 100 Jahren. Jedes Jahr im Juni treten die schnellsten Dreijährigen der Insel im Derby gegeneinander an.

Kilkenny
Kilkenny verbindet Geschichte und Kultur miteinander. Überall in der Stadt sind steinerne Zeugnisse der Vergangenheit zu finden, hauptsächlich aus dem 16. und 17. Jahrhundert.

► *Sehenswert* Richard de Clare, der normannische Eroberer Irlands, ließ 1172 **Kilkenny Castle** erbauen (neugotisch umgestaltet). Drei der ursprünglich vier Türme sind erhalten. In der Long Gallery findet man die Ahnenreihe der Familie Butler, der Earls of Ormond, deren Vorfahren *botiller,* Mundschenke, des englischen Königs gewesen waren (The Parade).
Das weiträumige Gotteshaus **St Canice Cathedral** wurde 1251 bis 1280 an einer Stelle errichtet, wo schon lange zuvor keltische Gottheiten verehrt worden waren. Ein eindrucksvolles Doppelgrab von Piers Butler, dem 8. Earl von Ormonde, und seiner Frau in der Kirche weist auf die jahrhundertelange Herrschaft der Butlers in der Region von Kilkenny hin. Der Name der im Stil der englischen Frühgotik erbauten Kathedrale stammt von dem hl. Canice, der im 6. Jahrhundert hier ein Kloster gründete (Irishtown).
Black Freren Gate, einzig erhaltenes Stadttor der normannischen Stadtmauer, steht in der Abbey Street, nicht weit von der Dominikanerabtei Black Abbey. Im **Shee's Alms House,** dem früheren Armenhaus der Stadt aus der Tudorzeit in der Rose Inn Street, ist das Touristenbüro eingezogen. Im **Rothe House,** einem von 1594 bis 1610 erbauten Kaufmannshaus aus der Tudorzeit, kann man zeitgenössische Möbel sehen. Heute sind hier das City- und das County-Museum mit Exponaten zur Stadtgeschichte untergebracht (Parliament Street).

Umgebung von Kilkenny
Nur 3 km östlich von Carlow liegt der **Browne's Hill Dolmen,** das gewaltigste Hünengrab Irlands mit einem zyklopischen, 100 Tonnen schweren Deckstein. Die Zisterzienserabtei **Jerpoint Abbey** bei Thomastown (südlich) wurde im 12. Jahrhundert gegründet. Sie gehört zu den am besten erhaltenen Klosterruinen Irlands, mit vielen Bauten und Steinmetzarbeiten aus dem 15. Jahrhundert.

Waterford
Die Hafenstadt an der Mündung des Suir River, von den Wikingern im 9. Jahrhundert als Vadrafjord gegründet, ist das Einkaufszentrum der Region.

► *Sehenswert* Die mittelalterliche **Stadtmauer,** von den Wikingern begonnen und von den Normannen weiter ausgebaut, ist bestens erhalten. Im Reginald's Tower dokumentiert das **Civic Museum** die Stadtgeschichte (The Quay). Die renommierte Glasmanufaktur **Waterford Crystal** ist weltweit bekannt (www.waterford visitorcentre.com).

Umgebung von Waterford
Der imposante Kalksteinfelsen **Rock of Cashel** (70 km nordwestlich) erhebt sich aus der Ebene von Tipperary. Ein Ensemble kirchlicher Bauten und Ruinen macht ihn zu einer der bedeutendsten Sehenswürdigkeiten Irlands. Ab dem 5. Jahrhundert war er Sitz der Könige von Munster, heute die südwestliche Provinz der Insel. Ab 1101 errichtete die Kirche hier ein religiöses Zentrum mit Bischofssitz, bis Cromwells Armee auch hier ein Blutbad mit 3000 Toten anrichtete. Hochkreuze, darunter das St Patrick's Cross, die Reste der im 13. Jahrhundert errichteten Kathedrale, ein 28 m hoher Rundturm und die 1134 gegründete Cormac's Chapel sind die bedeutendsten Bauten des Ensembles.

Wexford
Die Wikinger nannten ihre Niederlassung einst Waesfjord, »sandiger Hafen«. Die flache Küste mit weiten Sandstränden liegt an der sonnigsten Ecke Irlands.

► *Sehenswert* Westgate, das letzte erhaltene der früheren sechs Stadttore von Wexford, beherbergt heute das **Westgate Heritage Centre,** das mit einer audiovisuellen Vorführung über Geschichte und Region informiert. In dem über 14 ha großen Freilichtmuseum des **Irish National Heritage Park** wird die Besiedlung Irlands von den ersten Siedlern vor 9000 Jahren bis zur Ankunft der Normannen anschaulich dargestellt. Im Sommer demonstrieren Bewohner in nachgebauten Hütten und Befestigungen den Besuchern, wie der Alltag in den längst vergangenen Zeiten ausgesehen haben mag (Ferry Carrig, www.inhp.com).

Kilkenny Castle

Der Süden

Bantry

Die Lage an einer der schönsten Buchten Irlands sowie die Ausflugsziele der Umgebung machen den Reiz von Bantry aus.

► *Sehenswert* **Bantry House and Gardens** heißt seit 1739 der Wohnsitz der früheren Grafen von Bantry. Im Herrenhaus sind kostbare Wandteppiche, Möbel und Porzellan zu besichtigen, die Gartenanlagen gehören zu den schönsten Irlands (www.bantryhouse.ie).

Umgebung von Bantry

Von der 230 m hohen Klippe **Mizen Head** (45 km südwestlich) bietet sich ein eindrucksvoller Blick auf die Felsenküste. 17 Steinmonolithen bilden östlich von Glanmore den über 2000 Jahre alten **Drombeg Stone Circle** mit 9 m Durchmesser. Am 21. Dezember, zur Wintersonnenwende, fällt das Licht der untergehenden Sonne genau auf den Altarstein.
Die abgelegene felsige **Beara Peninsula** ragt 60 km nach Südwesten in den Atlantik. Der 200 km lange Wanderweg rund um die Halbinsel führt vorbei an Seen, prähistorischen Steinformationen, Gräbern und Steinkreisen.

Cork

Die zweitgrößte Stadt der Republik und drittgrößte der Insel (119 000 Einwohner) ist gleichzeitig Hauptstadt des größten irischen County und wirtschaftliche Metropole des Südens. Das Zentrum der lebendigen Universitätsstadt wird von zwei Armen des River Lee eingefasst und ist durch über ein Dutzend Brücken mit dem Festland verbunden.

► *Sehenswert* Am Nordufer des Lee River beginnt hinter der **St Mary's Church** (1832–1839) das Shandon-Viertel. Es wird vom zweifarbigen Turm der Kirche **St Ann's Shandon** von 1722 überragt. Der elegant über die Altstadtinsel geschwungene Einkaufsboulevard **St Patrick Street** war wie **Grand Parade** einst Teil einer Kanalverbindung zwischen den beiden Armen des River Lee. Neben dem 1724 errichteten früheren Zollamt steht am North Channel das **Opera House** (www.cork operahouse.ie). Die breite Grand Parade führt vorbei an der Halle des **English Market.** Das **National Monument** am South Channel des Lee ehrt die toten Freiheitskämpfer von 1798 bis 1867. Bei der benachbarten South Gate Bridge wurden früher die abgeschlagenen Köpfe Hingerichteter zur Abschreckung aufgespießt. Gleich südlich davon ragt der Turm der **St Finbarr's Cathedral** 40 m hoch in den Himmel von Cork, 1878 im neugotischen Stil zu Ehren des Stadtheiligen erbaut.
Im früheren Zollamt ist mit der **Crawford Municipal Art Gallery** die Kultur eingezogen. Sie zeigt unter anderem irische und britische Kunst vom 18. Jahrhundert bis heute (Emmet Place).
Das **City Gaol** liegt im Westen der Altstadt. Die düstere Atmosphäre des ehemaligen Stadtgefängnisses mit Geräuscheffekten, Beleuchtung und Graffiti einstiger Gefangener lässt auch heutige Besucher gruseln (Convent Avenue, Sunday's Well).

Umgebung von Cork

Lange war **Cobh** der Seehafen von Cork. Im Cobh Heritage Centre wird die Geschichte des Auswandererhafens erzählt. Das interaktive Besucherzentrum Titanic Experience erinnert an die wohl berühmteste Schiffskatastrophe der Welt.
Im Jameson Heritage Centre in **Midleton** führt ein interessantes Industriemuseum in die Geschichte der Whiskey-Brennerei ein (www.jamesonwhiskey.ie).

Dingle

Eine Küstenrundfahrt auf der Dingle-Halbinsel mit ihren vielen Buchten, Steilküsten, Fischerorten und frühchristlichen Denkmälern ist einzigartig.

Killarney

Der Ort am Rande des gleichnamigen Nationalparks ist seit über 200 Jahren das touristische Zentrum Südirlands und Tor zur Panoramastraße Ring of Kerry. Der 10 000 ha große **Killarney National Park** umfasst drei Seen, einen Eichenwald, das **Ross Castle** aus dem 15. Jahrhundert und das viktorianische **Muckross House** (1843) mit Kunstgewerbemuseum.

Kinsale

Die kleine Hafenstadt mit engen Gassen und bunten Häusern heißt wegen ihrer vielen guten Restaurants auch »Gourmethauptstadt von Irland«. Das sternförmige **Charles Fort,** eine Verteidigungsanlage aus dem 17. Jahrhundert, kann man besichtigen (Summer Cove).

Ring of Kerry

Die Küstenstraße rund um die Iveragh-Halbinsel gehört zu den Höhepunkten einer Irlandreise, mit grandiosen Ausblicken auf vorgelagerte Inseln und das Meer. Die beliebte Tour führt durch reizvolle Dörfer und vorbei an historischen Monumenten.

Tralee

Die 800 Jahre alte Hauptstadt Kerrys ist bekannt wegen des jährlichen Schönheitswettbewerbes »Rose von Tralee«.

► *Sehenswert* Das **Kerry the Kingdom Museum** fasziniert mit einer audiovisuellen Zeitreise. Ein Teilstück der **Tralee & Dingle Light Railway** verkehrt zwischen der Ballyard Station und Blennerville.

Der Westen

Achill Island

Vom 671 m hohen Slievemore Mountain genießen Wanderer einen herrlichen Blick über die Insel am westlichen Rand Europas, auf breite, menschenleere Strände, zu Fischerorten und weit bis zu dem mit einer Brücke verbundenen Festland. Heinrich Bölls früheres Ferienhaus auf Achill Island ist inzwischen Teil einer Stiftung, die sich für den deutsch-irischen Kulturaustausch engagiert.

Aran Islands

Die drei abgeschiedenen Inseln vor der Westküste bilden eine Welt für sich. Die von Eiszeitgletschern glatt geschliffene Oberfläche ähnelt der Landschaft Burren auf dem Festland. Fähren von Doolin und Rossaveal verbinden die Inseln mit dem Festland, Flugzeuge starten regelmäßig von Inverin zum Inselflug.

► *Sehenswert* Auf Innishmore, der größten Insel, beeindrucken die Überreste des Forts **Dún Aonghasa** aus der Eisenzeit direkt am Klippenrand zum Ozean. Auf der mittleren Insel, Innishmaan, erinnern Dolmen und Überreste prähistorischer Siedlungen und Steinforts wie **Dún Conor** an lange zurückliegende Kulturen. Die einsame Insel Inisheer hat stets Dichter und Maler angezogen.

Clifden

Der Hauptort Connemaras, gegründet im Jahr 1812, ist für irische Verhältnisse noch sehr jung. Er wird im Osten durch die Twelve Pins und nach Süden durch die Moorlandschaft Roundstone Bog begrenzt.

► *Sehenswert* Die 11 km lange **Sky Road** führt in einem Rundkurs am Atlantik entlang und zu den Ruinen von Clifden Castle (1815).

Umgebung von Clifden

Connemara, die wildromantische Bergwelt östlich von Clifden, wird auf 2000 ha als Nationalpark geschützt. Die abwechslungsreichen Landschaften (Maamturk Mountains), Sümpfe, Täler (Lough Inagh oder Glenmore Valley) und Seen (Kylemore Lake) machen den Reiz der Region aus. Die 1868 in neogotischem Stil erbaute **Kylemore Abbey** am Kylemore Lake wirkt wie ein verwunschenes Schloss.

Cliffs of Moher

An der spektakulären Steilküste Cliffs of Moher ragen die Klippen bis zu 214 m senkrecht in die Höhe. Ein Besucherzentrum, das Cliffs of Moher Visitor Centre, bietet multimediale Informationen über das Naturdenkmal. Am besten erkundet man die Klippen auf einer Wanderung.

Donegal

Der gälische Name »Dún na nGall« der Bezirksstadt mit dem rautenförmigen Marktplatz The Diamond bedeutet so viel wie »Festung der Fremden«. Er erinnert an die Gründung eines Handelsstützpunktes durch die Wikinger im 9. Jahrhundert.

► *Sehenswert* Zerstörungen und mehrere Restaurierungen lassen die eindrucksvolle Ruine des **Donegal Castle** heute im jakobitischen Stil des 17. Jahrhunderts erscheinen. Von der von Franziskanern im 15. Jahrhundert errichteten **Donegal Abbey** an der Mündung des Eske River in die Bay ist weniger erhalten. Hier hatten die ›Vier Meister‹ bis 1636 ihr Geschichtswerk (»Annals«) über Irland zusammengestellt. Ein Obelisk auf dem Diamond ehrt die vier Mönche noch heute.

Umgebung von Donegal

Letterkenny (52 km nordöstlich) an der Meeresbucht Lough Swilly hat sich von einem Fischerdörfchen zur größten Stadt im County gemausert. Das im früheren Armenhaus der Stadt eingerichtete **Do-**

Pferdemarkt & Pony Show in Clifden

Preisrichter bei der Clifden Pony Show

negal County Museum dokumentiert die Geschichte des Nordwesten Irlands von der Steinzeit bis zum 21. Jahrhundert (High Road). Mehrere Wege führen auf die 601 m hohen Klippen von **Slieve League** (50 km westlich), die höchsten Europas. Etwas weiter nördlich liegt **Glencolumcille,** ein Küstenörtchen, in dem ein kleines **Museumsdorf** einen Eindruck vom harten Leben im 19. Jahrhundert vermittelt (www.glenfolkvillage.com).

Galway

Die Hafenstadt an der Westküste hatte schon immer weitreichende Interessen. Handelsschiffe hielten im 16. und 17. Jahrhundert Verbindungen mit Häfen in Spanien und Portugal. Der wirtschaftliche Aufschwung Irlands im 21. Jahrhundert hat auch Galway einbezogen. Die rege Stadt gehört zum Gaeltacht-Gebiet, an der Universität gibt es Vorlesungen in Englisch und Gälisch.

► *Sehenswert* In der im Jahr 1320 erbauten **St Nicolas' Church** (Lombard Street) soll Christoph Columbus 1477 bei einem Besuch Galways gebetet haben. An einem Fensterkreuz der Patriziervilla **Lynch's Castle** (Abbeygate Street/Shop Street) soll James Lynch im 15. Jahrhundert seinen Sohn hingerichtet haben – der erste Fall von Lynchjustiz. Das großzügige, moderne **City Museum** dokumentiert die Geschichte der Stadt (Spanish Parade, www.galwaycitymuseum.ie).

Umgebung von Galway

Burren oder An Bhoireann, »steiniger Ort«, heißt das 1000 km² große Gebiet zwischen Corrofin und Lisdoonvarna. Der Kalksteinuntergrund ist von Eiszeitgletschern platt gehobelt, in Furchen wachsen Gräser und kleine Pflanzen unterschiedlichster Klimazonen. Der **Poulnabrone Dolmen** mit seiner waagerechten Deckplatte ist weithin sichtbar. Die Grabstätte ist etwa 4000 Jahre alt (Kilfenora, www.theburrencentre.ie)

Sligo

Die geschäftige Marktstadt am Garavogue River wurde im 9. Jahrhundert von den Wikingern gebrandschatzt und im 13. Jahrhundert von den Normannen erobert. Theater wie das Hawk's Well und das Blue Raincoat Theatre, Kunstgalerien und das **Yeats Memorial Building** unterstreichen den kulturellen Anspruch im Yeats Country.

► *Sehenswert* Das **County Museum** zeigt die Geschichte der Region; besonders interessant ist die Ausstellung zur Yeats-Familie mit Dokumenten, Bildern und Büchern (Stephen Street).
Die **Model Arts and Niland Gallery** gehört zu den interessantesten Kunstzentren Irlands mit Ausstellungen, Workshops und Projekten in vielen Bereichen. Bemerkenswert sind die Werke irischer Künstler des 20. Jahrhunderts, darunter auch Bilder von Jack B. Yeats, dem Bruder des Dichters W. B. Yeats (The Mall).

Umgebung von Sligo

Auf dem Kirchhof von **Drumcliff** (8 km nördlich) hat W. B. Yeats seine letzte Ruhestätte gefunden. Die 60 Steinkreise und Ganggräber von **Carrowmore** (5 km südwestlich) sind über 7000 Jahre alt. Es gehört damit zu den größten Megalithgrabfeldern Europas. **Ballina,** Fischereihafen und größte Stadt des County Mayo (60 km westlich), ist ein guter Ausgangspunkt für die Erkundung von Küste und Hochmooren im Westen. Angler schätzen den Lachsbestand im River Moy, der hier mündet. Bei der spektakulären Steilküste von **Ballycastle** (27 km weiter westlich) reicht die Moorlandschaft auf dem Festland fast bis an die Abbruchkante zum Ozean. Das **Céide Fields Interpretative Centre** gibt einen guten Überblick über die Kultur der Steinzeitmenschen von vor ca. 5000 Jahren. Das preisgekrönte Gebäude wurde zu zwei Dritteln unterirdisch angelegt (www.ceidefileds.com).

Westport

Mit der reizvollen Lage an der Clew Bay mit der vorgelagerten Insel Clare und dem geheimnisvollen Berg Croagh Patrick können nur wenige irische Städte mithalten. **Westport House,** Mitte des 18. Jahrhunderts erbaute ehemalige Residenz des Marquis von Sligo und dekorativ am See in einer Gartenlandschaft gelegen, lässt sich mit oder ohne Führung besichtigen (www.westporthouse.ie).

Umgebung von Westport

Der **Croagh Patrick** an der Westküste Irlands zieht immer noch viele Pilger an: Der hl. Patrick soll den Gipfel im Jahr 441 bestiegen haben, um dort 40 Tage lang zu fasten. Als er danach seine Silberglocke den 764 m hohen Kegelberg hinunterstieß, stürzten sich alle Schlangen Irlands in den Tod – so die Sage.

Schiffsruine auf den Aran Islands

Am River Shannon

Athlone

Athlone ist mit 15 000 Einwohnern neben Limerick die größte Stadt am River Shannon. Den Kreuzungspunkt des wichtigsten Wasserweges mit der Ost-West-Verbindung von Dublin nach Galway befestigten schon die Normannen 1210 mit einer Burg.

► *Sehenswert* In der Ausstellung im Central Keep des **Castle** (Umbauten im 19. Jahrhundert) wird die Geschichte von Burg und Region lebendig.

Umgebung von Athlone

Bis zu 6000 Mönche lebten im 8. Jahrhundert in der **Klosteranlage von Clonmacnoise** (südlich), vom hl. Ciarán 548 gegründet. Immer wieder zerstörten Invasoren die Gebäude, und auch nachdem englische Truppen 1552 die Klosterbrüder endgültig vertrieben hatten, blieb der magische Zauber der Klosterruinen in einer Biegung des River Shannon erhalten. Clonmacnoise ist bis heute Wallfahrtsstätte und eine der wichtigsten Sehenswürdigkeiten des mittelalterlichen Irlands. Die Anlage besteht aus acht Kirchen, darunter einer Kathedrale, 250 dekorativen Grabtafeln und Kreuzen, einige mit historischer Ogham-Schrift, drei monumentalen Hochkreuzen mit Bildergeschichten, zwei Rundtürmen und einer Burgruine. Ein informatives Besucherzentrum erläutert die Geschichte mit Filmen, Modellen und einigen der Originalfundstücke.

Freilichtmuseum in Craggaunowen

Birr

Es macht Spaß, auf baumbestandenen Alleen an den georgianischen Häuserfronten von Birr entlangzuspazieren. Hauptattraktion des Ortes ist ohne Zweifel Birr Castle.

► *Sehenswert* In den Gartenanlagen von **Birr Castle Demesne,** angelegt ab dem 18. Jahrhundert, gedeihen mehr als 2000 Pflanzenarten. Seine 12 m hohe Buchsbaumhecke soll die mächtigste der Welt sein. Das Historic Science Centre im Park zeigt unter anderem ein gewaltiges Teleskop, das der damalige Earl of Rosse 1840 für seine astronomischen Studien installieren ließ (www.birrcastle.com).

Umgebung von Birr

Portumna, Marktstadt ganz im Norden des Lough Derg (24 km westlich), lebt vom Shannon-Bootstourismus und lohnt einen Stopp vor allem wegen ihrer mit Ecktürmen befestigten Burg von 1618 und der dazugehörigen Zier- und Küchengärten. Die **Clonfert Cathedral** (20 km nördlich) gehört zu einem Klosterkomplex, in dem die letzte Ruhestätte des hl. Brendan liegen soll. Die romanische Kathedrale ist auch für ihre mit steinernen Menschen- und Tierköpfen verzierten Portale bekannt.

Carrick-on-Shannon

Die günstige Lage am Shannon und die Nähe zum Shannon-Erne-Kanal war Grund für die Entwicklung des Hauptstädtchens vom County Leitrim. Heute sind nahe der alten Steinbrücke über den Fluss viele Bootsvermieter ansässig.

► *Sehenswert* Die 1877 errichtete **Costello Memorial Chapel** (Ecke Main Street/Bridge Street) bedeckt eine Fläche von nur 18 m².

Umgebung von Carrick-on-Shannon

Reste der im 12. Jahrhundert gegründeten Zisterzienserabtei **Boyle** (10 km nordwestlich) gehören zu den schönsten Irlands. Einst residierten protestantische Grundherren im **King House.** Heute veranschaulichen Multimedia-Ausstellungen die Geschichte der Region (Main Street).

Ennis

Die charmante Hauptstadt des County Clare am River Fergus nennt sich Infor-

Birr Castle Demesne

mation Age Town wegen der vielen Unternehmen der Informationstechnologie am Stadtrand.

► *Sehenswert* Franziskaner gründeten die **Ennis Friary** im 13. Jahrhundert. Zahlreiche Skulpturen aus Sandstein, darunter eine der Jungfrau Maria mit dem Kind aus dem 15. oder 16. Jahrhundert, sind in der dekorativen Ruinenanlage erhalten (Abbey Street).

Umgebung von Ennis

The Living Past nennt sich das um eine im Jahr 1550 erbaute Burg angelegte Freilichtmuseum in **Craggaunowen** gut 10 km südöstlich von Ennis. Auf 20 ha bewaldetem Gelände können Besucher unter anderem einen Crannog, eine von Palisaden gesicherte Inselsiedlung im See, eine befestigte Straße aus der Eisenzeit und das nachgebaute Boot besichtigen, mit dem der hl. Brendan mehr als 900 Jahre vor Kolumbus Amerika entdeckt haben soll (bei Quin, www.shannonheritage.com).

Limerick

Wikinger gründeten im 10. Jahrhundert die strategisch günstig an der Mündung des Shannon gelegene Stadt. Die jüngere Geschichte der inzwischen mit dem modernen Arthur's Quay Centre an der O'Connell Street und dem gemütlichen Old Quarter etwas aufpolierten Industriemetropole wurde durch Frank McCourts Bestseller »Angela's Ashes« (»Die Asche meiner Mutter«) weltbekannt.

► *Sehenswert* König John ließ 1210 die nach ihm benannte Festung **King John's Castle** mit starken Befestigungsmauern und fünf Rundtürmen direkt am River Shannon errichten. Im Innenhof demonstrieren Darsteller in den Sommermonaten mittelalterliches Burgleben. Das Besucherzentrum erzählt multimedial die dramatische Geschichte von Limerick und seiner Burg. Besucher können einen Blick auf Ausgrabungen im Burggelände werfen, die weit in vornormannische Zeiten reichen (Nicholas Street/Castle Street, www.shannonheritage.com). **St Mary's Cathedral** wurde 1172 begonnen, ihr heutiges Erscheinungsbild stammt jedoch überwiegend aus dem Spätmittelalter. Eindrucksvoll ist das eichene Chorgestühl aus dem 15. Jahrhundert (Bridge Street).

Das **Hunt Museum** liegt südlich der Mündung des Abbey River in den Shannon. Es zeigt die ehedem private Kunstsammlung der Familie Hunt im Zollhaus aus dem 18. Jahrhundert mit Fundstücken zum keltischen Kulturerbe der Insel, Waffen, Gebrauchsgegenständen und Schmuck, dazu eine Bildersammlung, die auch Werke von Leonardo da Vinci und Renoir enthält (Rutland Street, www.huntmuseum.com).

Ein hüscher Ort zum Einkaufen ist der **Milk Market,** der Limerick von seiner quirligsten Seite zeigt.

Umgebung von Limerick

Insgesamt acht Mal wurde das mittelalterliche **Bunratty Castle** (16 km nordwestlich) nach Zerstörungen wieder aufgebaut. Der 1425 errichtete, prächtig renovierte Bau ist Ziel vieler Besucher, die auch das dazugehörige **Museumsdorf** mit restaurierten historischen Gebäuden aus der Region und einer altirischen Dorfgasse besichtigen (www.shannonheritage.com).

Shannon Airport, der zweitgrößte Flughafen Irlands, war früher erster oder letzter Stopp zum Auftanken für Transatlantikflieger. Das dazugehörige Städtchen mit 10 000 Einwohnern entstand erst in den 1960er-Jahren (www.shannonairport.ie). Der Ort **Adare** am River Maigue (10 km südwestlich) gilt mit seinen Reetdachhäusern und blumengeschmückten Vorgärten zu Recht als besonders malerisch. Hier liegen auch die Ruinen von drei mittelalterlichen Klöstern.

Roscommon

Der Name von Stadt und County setzt sich zusammen aus Ros (bewaldete Höhen) und dem Namen des hl. Coman (erster Bischof der Region). Der vom Shannon durchströmte Lough Ree weiter östlich gilt als Angelparadies.

► *Sehenswert* Das eindrucksvolle **Roscommon Castle** am nördlichen Stadtrand stammt aus dem 13. Jahrhundert, ebenso wie die Ruinen des Dominikanerklosters am anderen Ende des Ortes.

Umgebung von Roscommon

Clonalis House in **Castlerea** (30 km nordwestlich) war einst Stammsitz der O'Conors, der Könige von Connaught. Besonders interessant im heutigen Regionalmuseum sind der alte Krönungsstein und die Harfe des 1738 gestorbenen, blinden gälischen Barden Turlough O'Carolan (www.clonalis.com).

Festival Fleadh Nua in Ennis

Nordirland

Antrim
Die Grafschaft im Nordosten ist bekannt für ihre spektakuläre Küstenstraße, die **Antrim Coast Road.** Im gebirgigen Hinterland locken die malerischen Täler der Glens of Antrim.

Armagh
Von seinem »sweet hill« aus christianisierte der hl. Patrick im 5. Jahrhundert die Insel – der Ort war aber schon lange davor eine Kultstätte.

► *Sehenswert* Die zwei **St-Patricks-Kathedralen** zeigen ein aus dem 19. Jahrhundert resultierendes neogotisches Äußeres, wobei die protestantische auf die vom hl. Patrick im 5. Jahrhundert gegründete Kirche zurückgeht. Das nahe Besucherzentrum **St Patrick's Trian** präsentiert die christliche und frühere keltische Geschichte (English Street).

Ballycastle
Beim Hafenstädtchen Ballycastle treffen Irische See und Atlantik aufeinander. Die Küste zwischen Larne bei Belfast und Portrush im Westen bietet spektakuläre Landschaften.

Umgebung von Ballycastle
Bei Ballintoy fordert die **Carrick-a-Rede Rope Bridge** die Besucher zu einer Mutprobe heraus. Eine wackelige Hängebrücke überspannt einen 20 m breiten Abgrund zwischen Küstenfelsen.

Seit 1277 wird in der **Bushmills Distillery** Whiskey hergestellt, das »Wasser des Lebens« wird in alle Welt exportiert (www.bushmills.com).

Belfast
Belfast hat sich vom Niedergang der Industrie und von den religiös-politischen Kämpfen der Vergangenheit erstaunlich gut erholt. Moderne Veranstaltungszentren und Shopping-Meilen, dazu hippe Restaurants und Bars harmonieren mit historischen Pubs und viktorianischer Architektur im Zentrum. Die *Troubles* sind nicht vergessen, aber die meisten der 267 000 Einwohner der Hauptstadtregion freuen sich, dass ihre Stadt keine negativen Schlagzeilen mehr produziert.

► *Sehenswert* Die 1906 im Renaissancestil aus Granitstein erbaute und von einer Kuppel gekrönte **City Hall** (Donegall Square) steht wuchtig im Mittelpunkt der Stadt, bewacht von einer Statue der Königin Victoria. Rund um das Rathaus, am Donegall Place und entlang der Royal Avenue finden konsumfreudige Besucher eine riesige Auswahl an Geschäften. Unübersehbar lädt die auffällige Fassade des **Crown Liquor Saloon** (Great Victoria Street) Durstige und Schaulustige ein. Schräg gegenüber bietet das 1895 eröffnete **Grand Opera House** (Great Victoria Road) anderen Kulturgenuss mit großen Künstlern aus Oper, Theater, Musicals, Tanz und Konzert.

Die **Entries,** schmale Gassen zwischen der High und der Ann Street weiter nördlich, gelten als älteste Quartiere von Belfast. Kleiner Big Ben wird er genannt oder Leaning Tower, denn der 1867 in Erinnerung an Queen Victorias verstorbenen Gatten auf feuchtem Grund errichtete **Albert Memorial Clocktower** hat sich 120 cm aus der Vertikalen geneigt. Ein paar Schritte weiter, beim **Lagan Weir Lookout** am Donegall Quay, lassen sich die Flutsperre am Lagan River und die riesige Fischskulptur am Ufer bewundern, eines der vielen Exponate auf einem **Kunstpfad** durch das Viertel. W5 steht für »Whowhatwherewhenwhy«, also für »Werwaswowannwarum«. Im wissenschaftlichen Entdeckungszentrum **W5 & The Odyssey** am östlichen Flussufer können Besucher Laser zum Leuchten bringen oder Roboter zum Leben erwecken (Queen's Quay, www.w5online.co.uk). In der **Odyssey Arena** daneben können 10 000 Zuschauer Konzerte oder Eishockeyspiele verfolgen.

Erinnerung an den Osteraufstand des Jahres 1916

Vom Herrensitz **Belfast Castle** aus dem 19. Jahrhundert und den dekorativen Gartenanlagen bietet sich ein herrlicher Blick über Stadt und Bucht (Antrim Road).

Die Bauzeit der neuromanischen **Belfast Cathedral** von 1899 bis 1981 hat lange gedauert, und gegenwärtig sammelt man noch für den fehlenden Glockenturm der protestantischen Kirche. Sehenswert sind die detaillierten Deckenmosaiken zur Schöpfungsgeschichte (Donegall Street, www.belfastcathedral.org).

Im alten Hafen entsteht seit einigen Jahren das größte europäische Stadterneuerungsprojekt mit postmodernen Wohnungen, Büros und Hotels. In einem architektonisch kühnen Gebäude führt

das Besucherzentrum **Titanic Experience** in die Geschichte des Luxusliners ein. Das Trockendock, in dem er gebaut wurde, ist ebenfalls zu besichtigen (www.titanicbelfast.com).
Das in einem weitläufigen Park gelegene, neoklassizistische **Stormont-Gebäude** ist der Sitz der nordirischen Regierung. Nachdem Nordirland jahrzehntelang von London aus regiert worden war, zog 2007 eine von den Nordiren gewählte Allparteienregierung in das stattliche Anwesen ein.
Schon 1828 wurden südlich von Belfasts Zentrum die **Botanic Gardens** eröffnet, zehn Jahre darauf der wunderbare Glaspalast für tropische Pflanzen (Stranmillis Road). Gleich daneben liegt das **Ulster Museum** mit einer gut präsentierten Sammlung zur irischen Kultur. Zu den bekannten Fundstücken des Museums gehören Schätze von der spanischen Galeone Giroma, die 1588 vor der Küste von Irland sank (www.nmni.com).

Umgebung von Belfast

Carrickfergus Castle liegt am Nordufer des Belfast Lough. Die normannische Burganlage (12. Jahrhundert) kontrollierte einst den Zugang in die Bucht von Belfast (Marine Highway). Am Südufer des 400 km² großen Lough Neagh gibt es schöne Wanderwege. Das **Discovery Centre** erläutert ökologische und historische Zusammenhänge.

Giant's Causeway

Eine vulkanische Eruption an der Nordküste Irlands hat vor 55 Millionen Jahren das Naturwunder **Giant's Causeway** aus 40 000 polygonalen, meist sechseckigen Basaltsäulen geschaffen. Von vielen sieht man nur die Oberfläche, andere ragen an der Küste wie Orgelpfeifen bis zu 15 m hoch auf. Sie gehören zu den größten Naturwundern der Insel. Durch die Klippenlandschaft der Causeway Coast führen spektakuläre Wanderwege (Visitor Centre, Causeway Road, Bushmills).

Derry

»Maiden city« (jungfräuliche Stadt) nennt man Derry, weil seine mittelalterliche Stadtmauer nie von Angreifern gestürmt werden konnte. In den bürgerkriegsähnlichen Auseinandersetzungen des Bloody Sunday, als britische Soldaten 13 katholische Demonstranten töteten, wurde sie schließlich dennoch überwunden. Seit der Teilung Irlands 1921 liegt die Hauptstadt des gleichnamigen County an der Grenze zur Republik Irland.

► *Sehenswert* Auf der **Stadtmauer** von Derry aus dem 17. Jahrhundert kann man die Altstadt umrunden. Sie wurde zur Verteidigung der Kolonisten aus Großbritannien gebaut, die hier angesiedelt wurden. Für die protestantischen Unionisten heißt Derry bis heute Londonderry.
Straßen führen durch die Stadttore zum Diamond Place. In der 1890 im neogotischen Stil erbauten **Guildhall** beim Shipquay Gate illustrieren Buntglasfenster die lange Stadtgeschichte (Guildhall Square).
Die Fenster der protestantischen **St Columb's Cathedral** zeigen Szenen der Belagerung in den Jahren 1688 und 1689

Magazine Street in Derry

Freilichtmuseum in Castledown, Omagh

(London Street, www.stcolumbscathedral.org).
Das **Tower Museum** macht durch bestens aufbereitete Ausstellungen zur Stadtgeschichte von sich reden (Union Hall Place).
Im katholischen Viertel **Bogside** kann man das kleine **Museum of Free Derry** sowie die an die Hausgiebel gemalten »Murals« besichtigen, zum Beispiel die sogenannte People's Gallery. Dies sind etwa ein Dutzend »Murals« der drei Bogside Artists (www.bogsideartists.com, www.freederrymurals.com und www.museumoffreederry.org).

Enniskillen

Die Inselstadt zwischen dem Lower und dem Upper Lough Erne ist wegen der besonderen Lage sommerliches Touristenzentrum. In der Portora Royal School der County-Hauptstadt haben einst Oscar Wilde und Samuel Beckett die Schulbank gedrückt.

► *Sehenswert* **Enniskillen Castle,** im 15. Jahrhundert gegründet, beherbergt zwei Museen, das Fermanagh County Museum zur Geschichte der Region und das Inniskilling Regimental Museum, das die Militärgeschichte der britischen Traditionseinheit präsentiert (www.enniskillencastle.co.uk).

Umgebung von Enniskillen

Im Freilichtmuseum des Ulster American Folk Park in **Omagh**, 35 km nordöstlich, kann die Geschichte der irischen Emigration in die USA bis hin zu Originalgebäuden irischer Siedler aus dem 18. und 19. Jahrhundert nacherlebt werden (Mellon Road, Castledown, Omagh, www.nmni.com).

▲ In den **Lakemount Gardens.** Die von Brian Cross in den 1950er-Jahren entworfenen Gärten zählen zu den »flagship gardens« in Irland.

Daten und Fakten

Landesnatur
Irland misst an seiner breitesten Stelle 275 km, von Norden nach Süden erstreckt es sich bis zu 486 km. Die Fläche der gesamten Insel von 84 421 km^2 entspricht in etwa der Österreichs (Irland 70 282 km^2, Nordirland 14 139 km^2).

Politik und Verwaltung
Die Insel ist in vier Provinzen (Ulster, Leinster, Connacht, Munster) und in 32 Grafschaften (Counties) eingeteilt. Ulster mit seinen sechs Counties gehört zum britischen Nordirland. Irisches Staatsoberhaupt mit überwiegend repräsentativen Aufgaben ist der für sieben Jahre gewählte Präsident (seit 2011 Michael D. Higgins). Der Premierminister wird für fünf Jahre gewählt. Das Parlament besteht aus zwei Kammern, das Abgeordnetenhaus mit 166 Sitzen wird alle fünf Jahre gewählt, Premierminister und ein Gremium benennen die 60 Mitglieder des Senats. Seit 2011 bildet eine Koalition aus Fine Gael unter Premierminister Enda Kenny und der Labour Party die Regierung. Nordirland erhielt im Jahr 2000 nach dem Belfast-Vertrag eine autonome Regierung, die sich jedoch erst 2007 konsolidieren konnte.

Bevölkerung
6,3 Mio. Menschen leben auf der Insel, 4,5 Mio. davon in der Republik (67 Einw./km^2, zum Vergleich: 231 Einw./km^2 in Deutschland). Dublin ist mit 527 000 Einw. sowie 1,27 Mio. im Einzugsbereich größte Stadt des Landes. Belfast zählt mit Umgebung knapp 480 000 Einwohner. Etwa 84 % der Bewohner der Republik Irland bekennen sich zum römisch-katholischen Glauben.

Wirtschaft
Befand sich die Wirtschaft Irlands seit dem Beitritt zur EU im Aufschwung, erlitt sie seit der Weltfinanzkrise 2008/2009 einen deutlichen Knick. Irland gehört zu den am höchsten verschuldeten Nationen der EU. Dienstleistungen spielen die größte Rolle in der Wirtschaft, die Bedeutung der Landwirtschaft ist zurückgegangen. Langsam scheint sich die Grüne Insel von der Finanzkrise zu erholen (Stand 2014).

Geschichte

um 7000 v. Chr. Jäger und Sammler wanderten über eine Landbrücke von Schottland ein.
ab 4000 v. Chr. Jungsteinzeitliche Kolonisten begannen, Land zu bebauen.
Um 300 v. Chr. Gälische Kelten wanderten ein und beherrschten die Insel.
432 Der hl. Patrick begann, Irland zu christianisieren.
ab 795 Die Wikinger gründeten Niederlassungen wie Dublin, Waterford und Limerick.
1014 Die Iren schlugen die Wikinger in der Schlacht von Clontarf.
1169 Der nach England exilierte König von Leinster kehrte mithilfe eines Normannenheeres zurück. Der römische Papst Adrian IV. gab dem englischen König Heinrich II. Irland als Lehen.
1348 Die Pest wütete. Ein Drittel der Bevölkerung starb.
1541 Heinrich VIII. festigte Englands Macht über Irland. Nach Abkehr von Rom war er Oberhaupt der neuen protestantisch-anglikanischen Nationalkirche.
1649 Oliver Cromwell unterwarf Irland und ersetzte irische Grundbesitzer durch Briten.
1690 Der in England abgesetzte katholische König James II. unterlag Wilhelm von Oranien in der Schlacht von Boyne.
1798 Die Rebellion der United Irishmen (eine Vereinigung von vorwiegend presbyterianischen Nationalisten) wurde niedergeschlagen.
1845 Die Kartoffelseuche tauchte erstmals auf irischem Boden auf. Das bedeutete für die Iren, die in der überwiegenden Zahl auf Kartoffeln als Hauptnahrungsmittel angewiesen waren, das sichere Todesurteil.
1845–1852 Missernten verursachten die Große Hungersnot. Infolge der Hungersnot starben 1 Mio. Menschen, also etwa 12 % der irischen Bevölkerung. 2 Mio. Iren gelang die Auswanderung.
1870 Die-Home-Rule-Bewegung mit dem Ziel der Wiedereinführung der politischen Autonomie erreichte Reformen.
1895 Gründung der Irish Socialist Republican Party.
1905 Bürgerliche Katholiken gründeten die Partei Sinn Féin (»Wir selbst«), protestantische Radikale im Norden 1913 die paramilitärische Ulster Volunteer Force UVF, Katholiken die Irish Volunteers.
1916 Briten schlugen den Osteraufstand nieder, seine Anführer wurden hingerichtet. Die Sinn Féin besetzte zwei Jahre später 73 von 103 irischen Abgeordnetensitzen im britischen Unterhaus. Diese konstituierten ein irisches Parlament. Die Irish Republican Army IRA nahm den Unabhängigkeitskampf gegen die britischen Truppen auf.
1921 Der anglo-irische Friedensvertrag regelte die Unabhängigkeit Irlands. Der Norden blieb britisch, bekämpft von Teilen der IRA. Bürgerkrieg zwischen Befürwortern und Gegnern des Kompromissfriedens.
1932 Fianna Fáil (»Soldaten des Schicksals«) gewann die Wahlen, Éamon de Valera wurde Premierminister und blieb es für 16 Jahre.
1949 Die Republik Irland verließ das britische Commonwealth. Am 18. April trat der Republic of Ireland Act in Kraft. Irland erklärte sich zur unabhängigen Republik Éire.
ab 1956 Die IRA kämpfte in Nordirland gegen Protestanten und die britische Armee.
1972 Blutiger Sonntag in Derry. Die britische Armee erschoss 13 Demonstranten.
1973 Die Republik Irland trat der EG bei.
1976 Die Ulster-Friedensbewegung erhielt den Friedensnobelpreis.
1981 Bobbie Sands und neun weitere inhaftierte IRA-Mitglieder starben nach Hungerstreiks.
1990 Mary Robinson wurde als erste Frau Staatsoberhaupt Irlands.
1993 In Nordirland kam ein von wiederholten Rückschlägen begleiteter Friedensprozess in Bewegung.
1998 Das Belfaster Abkommen relativierte Nordirlands Status als britische Kolonie.
2002 Der Euro löste das Irische Pfund ab.
2007 In Nordirland regierte erstmalig eine gewählte Regierung aus Katholiken und Protestanten.
2011 Enda Kenny von Fine Gael wurde Premierminister.
2012 Über 60 % der Iren stimmten für den europäischen Fiskalpakt.
2014 Irland ist erfolgreich am Kapitalmarkt zurück. Doch die Frage ist: Droht dem Land eine neue Immobilienblase?

Register

▲ **Temple Bar** am Ufer des River Liffey ist das bekannteste Ausgehviertel Dublins. Angeblich soll es in der irischen Hauptstadt über 850 Pubs geben; der gleichnamige The Temple Bar Pub jedenfalls ist immer gut besucht …

Impressum

Gestaltung
Wessinger und Peng GmbH, Stuttgart / Zürich

Redaktion
Susanne Völler, Lisa Muntjewerf, Köln

Bildredaktion
Susanne Völler, Lisa Muntjewerf Köln

Satz
Andreas Staiger, Stuttgart

Texte
Axel Pinck

Prepress
PPP, Pre Print Partner GmbH & Co KG, Köln

Bildnachweis

Corbis / J. Andrew: 12/13; Y. Arthus-Bertrand: 114; A. MacWeeney: 108, 112/113; D. Pearson: 120; Radius Images: 74/75; R. Spila: 2/3 u. 4/5

DuMont Bildarchiv / O. Meinhardt: 45, 46, 50, 57, 64, 65, 79, 88, 89, 93, 98, 104, 117, 121, 132, 133, 134, 135, 138, 149, 162 o., 169 m., 170, 172 u., 173 u., 174 u. li., 174 u.re., 175, 177 o., 177 u.

Huber / O. Fantuz: 72; W. Fuchs: 126/127, 174 o.; Rellini: 181; M. Ripani: 54/55, 83-86; Spiegelhalter: 100/101, 124/125, 172 o.; R. Spila: 6/7, 56 o.

istock / R. Belzowski: 162 u.; J. Crow: 52; P. Flynn: 51; P. Gaul: 20/21; A. Kaspar: 63 u. li.; L. Kulicki: 18/19, 168; K. Maglewski: 48/49, 169 o.; R. Mayne: 150/151; A. Rosenberg: 40; N. Smit: 56 u.; B. Steinhilber: 116

laif /Archivolatino : 146, 147; Celentano: 53; Contrasto 159; Delance: 123; P. Frilet: 152; G. Gerault: 59 u.; Gonzalez: 99 u. re.; T. Grabka: 160; hemis.fr: 24, 25, 32, 34/35, 41 u., 47, 81, 144/145, 161, 164/165; Hoa-Qui: 67;H. Klover: 80; V. Kohlbecher: 110/111; Krinitz: 92, 130; Loop Images: 23; K.-H. Raach: 105, 136/137, 178, 36, 38/39, 73; B. Steinhilber: 131, 63 u. re.; Zanettini: 70

Look / age fotostock: 41 o.; B. Limberger: 42/43; R. Martin: 118/119; F. Stern: 96/97; H. & D. Zielske: 62, 176 u., 122, 142/143, 176 o.

Mauritius / age fotostock: 115, 157, 166/167, 76/77, 91; Alamy: 102, 128/129, 139, 140/141, 158, 22, 59 o., 8/9; P. Czajka: 106/107; K.-G. Dumrath: 37 u. li.; R. Harding: 37 u. re.; imageBROKER: 27–30, 33, 103, 109; J.-C. Niemeyer: 78; R. Macia: 148; View Pictures LTD: 26/31

Schapowalow / 4CornersImages: 154-156, 163; W. Fuchs: 82/87; SIME: 10/11, 16, 44, 60/61, 66, 68/69, 71, 90, 94/95, 171

Titelbild | Schutzumschlag
Vorderseite: Blick auf die Klippen am Slea Head, Irlands westlichster Punkt, Huber / R. Spila
Rückseite: Victoria Square Shopping Centre Glass Dome, Blick über Belfast, laif / hemis

1. Auflage 2015

www.dumontreise.de

Printed in Spain

ISBN 978-3-7701-8947-2

MIX
Papier aus verantwortungsvollen Quellen
FSC® C105485